I0818873

La Constitución de Guatemala

Edgar Ortiz Romero

La Constitución de Guatemala

Lo que pudo ser y lo que es

El papel utilizado para la impresión de este libro ha sido fabricado a partir de madera procedente de bosques y plantaciones gestionadas con los más altos estándares ambientales, garantizando una explotación de los recursos sostenible con el medio ambiente y beneficiosa para las personas.

La Constitución de Guatemala
Lo que pudo ser y lo que es

Primera edición: diciembre, 2025
Primera reimpresión: febrero, 2026
Segunda reimpresión: marzo, 2026

Penguin Random House Grupo Editorial, S. A. de C. V.
Blvd. Miguel de Cervantes Saavedra núm. 301, 1er piso,
colonia Granada, alcaldía Miguel Hidalgo, C. P. 11520,
Ciudad de México

penguinlibros.com

ISBN: 978-607-385-826-7

Impreso en México – *Printed in Mexico*

A mi esposa, Marjorie, por su rigor, sus comentarios y su mirada lúcida, que dieron a este texto la forma y la claridad que yo solo no habría alcanzado

A los guatemaltecos que buscan entender nuestro país para transformarlo

ÍNDICE

Introducción

Los guatemaltecos vivimos una paradoja: contamos con una Constitución que hace grandes promesas, pero cumple muy pocas. Las alabanzas que suelen escucharse sobre sus teóricas virtudes son frecuentes: que contiene un catálogo generoso de derechos, un diseño institucional que se presenta como "moderno", la supuesta garantía de democracia y Estado de derecho. Y, sin embargo, 40 años después de su promulgación, la misma pregunta sigue sin respuesta: ¿por qué esas aspiraciones nunca se han convertido en realidad?

Parte de la respuesta es sencilla: *entender una Constitución requiere contexto.* No basta con leer sus 280 artículos como si fueran fórmulas mágicas. Sin historia, parecen abstracciones jurídicas imposibles de aterrizar en la vida cotidiana. Sin experiencia práctica, se reducen a promesas escritas en el aire.

Yo mismo lo comprobé a los 17 años, cuando, recién decidido a estudiar Derecho, me lancé a leer la Constitución completa. El resultado fue bastante estéril: apenas comprendí un puñado de frases. Solo años después, ya en la facultad, empecé a descifrar lo que el texto realmente decía. Y descubrí algo más: *en Guatemala los abogados hemos sido educados para admirar la Constitución, no para examinarla críticamente.*

Este libro parte de una premisa distinta. No se trata de repetir el listado de derechos ni de enumerar las virtudes teóricas de nuestro texto constitucional, sino de preguntarnos qué instituciones diseñó para garantizar esos derechos y, sobre todo, cómo han funcionado en la práctica. Porque lo que importa no es la promesa, sino la capacidad de cumplirla.

Por eso empiezo con el contexto histórico. El capítulo 1 recuerda el escenario en que nació la Constitución de 1985 y los problemas que pretendía resolver tras décadas de gobiernos militares. Vale recordar que en los años setenta y ochenta toda América Latina atravesó lo que los politólogos llaman la "tercera ola de democratización". Casi todos nuestros países abrazaron catálogos generosos de derechos, pero sin crear instituciones fuertes capaces de garantizarlos. Guatemala no fue la excepción. Por eso, más que idealizar el texto, necesitamos entender el diseño institucional que supuestamente debía sostenerlo... y por qué nunca lo logró.

El resto del libro ofrece el otro ángulo: el contexto práctico y una mirada crítica. A lo largo de estas cuatro décadas, ¿cómo han operado —o fallado— los engranajes centrales del sistema?

El recorrido es sencillo. Capítulo a capítulo analizaremos el Congreso, el Ejecutivo, el sistema de justicia, la Corte de Constitucionalidad y el entramado electoral. En cada caso veremos no solo cómo deberían funcionar según el diseño constitucional, sino cómo se comportan en la vida política real. Al final de cada capítulo incluyo una breve lista de reformas urgentes: no son soluciones definitivas, pero sí pistas para empezar a corregir lo más apremiante.

1

Antecedentes de la Constitución de 1985

Intento recordar, e invito al lector a hacerlo conmigo, la primera vez que tuvo en sus manos la Constitución de Guatemala. ¿Habrá sido en alguna clase de Estudios Sociales? ¿Y cuánto comprendimos, realmente, de esos 280 artículos que definen las reglas del juego político en el que vivimos?

Las constituciones son, en teoría, documentos destinados a organizar el poder y a proteger los derechos fundamentales. Su propósito esencial es establecer límites al poder público. Sin embargo, en la práctica no siempre cumplen con esas expectativas.

En *El Señor Presidente*, de Miguel Ángel Asturias, uno de los personajes exclama con fervor: "¡Con un viva que resuene por todos los ámbitos del mundo y no acabe nunca, viva el Señor Presidente Constitucional de la República, Benemérito de la Patria, Jefe del Gran Partido Liberal, Liberal de Corazón y Protector de la Juventud Estudiosa!".

La obra, inspirada en la figura del déspota Manuel Estrada Cabrera, retrata la absurda adulación al poder que predominaba en aquella época. Lengua de Vaca, el personaje que pronuncia esas palabras, se refiere al señor presidente como "constitucional". Y, curiosamente, en teoría, tiene razón: Estrada Cabrera lo era. Pero esa verdad no hace sino subrayar una ironía. La Constitución de 1879, diseñada supuestamente para limitar el poder y proteger los derechos de los guatemaltecos, terminó convertida en papel mojado frente a las ambiciones del dictador y la maquinaria autoritaria que construyó a su favor.

Las constituciones también fallan

En América Latina hemos perfeccionado un fenómeno: el legalismo mágico. Esa creencia obstinada en que las palabras de una ley, por el simple hecho de estar escritas, poseen el poder de transformar la realidad social. Legislamos con la esperanza de que el acto mismo de legislar baste para cambiar el mundo, ignorando que, sin voluntad política ni instituciones sólidas, las leyes son apenas ilusiones literarias. A diferencia de las genialidades de Asturias, muchas veces nuestras leyes resultan ser mala literatura.

Este no es un libro para abogados, ni pretende perderse en la jerga intrincada que solemos emplear los profesionales del derecho. La Constitución es demasiado importante como para quedar relegada al ámbito exclusivo de los juristas. Por eso, este libro busca explicar a los ciudadanos las reglas del juego en el que vivimos. ¿Qué parte del problema corresponde al texto, qué parte a la ciudadanía o a la clase política? ¿Son todos los defectos de diseño institucional atribuibles a la Constitución, o también hay otros problemas imputables al proceso político, incapaz de ofrecer los resultados que la población esperaba?

Defender nuestros derechos y luchar por nuestra libertad no es un privilegio de una profesión, sino una responsabilidad de toda la ciudadanía. Aunque fue promulgada antes de la firma de la paz en 1996 —que puso fin a 36 años de conflicto armado interno, un trágico episodio del que aún nos recuperamos como sociedad—, esta Constitución se convirtió en la piedra angular de la transición hacia la democracia, o al menos hacia la democracia que conocemos hoy.

Cuarenta años de vigencia son un buen momento para hacer un corte de caja del saldo que nos deja la Constitución. Más aún en un país donde más del 75% de los guatemaltecos somos más jóvenes que ella y crecimos en un entorno de paz, ajenos al contexto en el que nació nuestra Carta Magna. Por ello, vale la pena dar un vistazo rápido al marco histórico que nos trajo hasta aquí.

Guatemala ha tenido siete constituciones desde su Independencia:

1. **Constitución de 1825:** primera constitución, basada en el modelo federal centroamericano.
2. **Constitución de 1851:** consolidó a Guatemala como una república independiente bajo el liderazgo de Rafael Carrera.
3. **Constitución de 1879:** estableció los principios liberales de separación de poderes y separación entre Iglesia y Estado.
4. **Constitución de 1945:** incorporó derechos sociales y laborales tras la Revolución de 1944.
5. **Constitución de 1956:** reflejó un giro autoritario tras el golpe de 1954, eliminando avances sociales previos.
6. **Constitución de 1965:** diseñada en un contexto de Guerra Fría, reforzó el poder del Ejecutivo y limitó derechos civiles.
7. **Constitución de 1985:** sentó las bases de la democracia actual y sigue vigente.

Este libro se centra en la Constitución de 1985. Sin embargo, dicho documento no surgió en un vacío, sino dentro de un contexto histórico particular. ¿Qué eventos y actores moldearon su creación? ¿Qué compromisos y tensiones definieron su diseño?

Como veremos a lo largo de estas páginas, las constituciones no son un borrón y cuenta nueva. Algunos elementos permanecen —como el sistema presidencial y un congreso unicameral—, pero cada Constitución es producto de un momento histórico y de un proceso de cambio, para bien o para mal.

El recuento histórico que sigue no pretende ser exhaustivo ni académico. No soy historiador, y este no es un libro de historia. Se trata, más bien, de ofrecer al lector un marco general que ayude a ubicar la Constitución de 1985 en su propio tiempo y circunstancias. Con esa aclaración en mente, hagamos un repaso del camino que nos condujo hasta ella.

Las raíces constitucionales de Guatemala

Antes de la Independencia, Guatemala estuvo influenciada por un corto tiempo por la Constitución de Cádiz de 1812, conocida como La Pepa por haber sido promulgada el día de san José. Aunque formalmente rigió en la región entre 1812 y 1814, y de nuevo brevemente tras su restauración en 1820, su aplicación fue limitada. El guatemalteco Antonio Larrazábal, representante de Centroamérica, participó en su redacción y presentó propuestas liberales como la libertad de prensa y las elecciones representativas. Ideas que, años más tarde, alimentarían el espíritu independentista e inspirarían textos constitucionales en la región.

Antes incluso de 1825, el Acta de Independencia (1821) operó como texto constitucional provisional: dispuso la organización del poder y la convocatoria de un congreso con criterios de representación tomados de Cádiz (un diputado por cada 15 mil habitantes). También dejó trazas de una ciudadanía inusualmente amplia para su época al no excluir a los originarios de África. Como tantas veces ocurrirá, esa apertura quedó más clara en el papel que en la práctica, pero marca el punto de partida de nuestro constitucionalismo.

Tras formar parte, en su mayoría, del efímero Imperio mexicano y proclamar su independencia definitiva en 1823, Centroamérica adoptó una Constitución federal en 1824 que buscaba unir a las provincias bajo un sistema republicano. Guatemala, siguiendo este modelo, promulgó su primera Constitución nacional en 1825. Sin embargo, las tensiones entre liberales y conservadores, sumadas al centralismo económico, llevaron al colapso de la federación en 1839. Desde entonces, el país vivió una década de caos político y proyectos constitucionales fallidos.

En 1851, Rafael Carrera consolidó su poder con una Constitución de apenas 18 artículos que terminó declarándolo jefe perpetuo de la República. Este texto fortaleció al Ejecutivo, formalizó la alianza con la Iglesia y centralizó el poder. Difícilmente se puede hacer mucho más con 18 artículos.

La Constitución de 1879 marcó el triunfo definitivo del proyecto de la reforma liberal en Guatemala. Este texto recogió los ideales del constitucionalismo liberal: división de poderes, un Legislativo unicameral, un Ejecutivo fuerte y la separación entre Iglesia y Estado. Su promulgación llegó tras años de debates, dictaduras transitorias e intentos frustrados desde 1871, logrando la tan ansiada estabilidad política para los liberales. Reformada en ocho ocasiones, permaneció vigente durante casi 65 años, hasta la Revolución de 1944, convirtiéndose en la Constitución más longeva de nuestra historia.

Los llamados gobiernos "liberales" de finales del siglo XIX en América Latina, como explica el profesor Roberto Gargarella en *La sala de máquinas de la Constitución*, en realidad encarnaron lo que él denomina un liberalismo-conservador: un pacto que combinaba modernización económica y educativa con una profunda desconfianza hacia la ciudadanía. Con una mano construían ferrocarriles y abrían escuelas, pero con la otra reforzaban al presidente, centralizaban el poder y mantenían a la población al margen de la política. Todo se justificaba en nombre del "orden" y la "estabilidad". Guatemala no fue la excepción: el liberalismo trajo reformas importantes, sí, pero al mismo tiempo cerró la puerta a una democratización auténtica y postergó indefinidamente la promesa de una participación popular más amplia.

La Constitución de 1945

La Revolución de 1944 dio paso a la Constitución de 1945, que buscó romper con el pasado autoritario e incorporar una amplia gama de derechos sociales y laborales: salario mínimo, jornada limitada, igualdad salarial y derecho de huelga. Además, ofreció protecciones específicas para las mujeres trabajadoras, como licencias de maternidad. También consagró el principio de que la propiedad privada debía cumplir una función social —a menudo polémico en años posteriores— y reconoció y promovió formas colectivas de tenencia, como las tierras ejidales y comunitarias.

En el plano político, fue la primera Constitución en reconocer el derecho al voto para las mujeres alfabetas mayores de 18 años. Aunque la Constitución de 1879 ya había reconocido la ciudadanía para las mujeres "preparadas para ejercerla", no les otorgaba el sufragio. El avance de 1945 fue significativo, pero limitado por la realidad educativa del país: según el censo de 1940, el 73% de las mujeres no sabía leer ni escribir.

El sufragio era obligatorio y secreto para los hombres alfabetos, mientras que los analfabetos —que representaban el 61% de la población— debían votar públicamente, a viva voz. Es decir, al momento de emitir su voto, tenían que pronunciar en voz alta el nombre del candidato presidencial por el que optaban.

Conviene recordar, para tener el contexto de la época, que el voto universal no estaba consolidado a nivel global. En Estados Unidos, por ejemplo, el impuesto al voto (*poll tax*) fue abolido en 1964 y las pruebas de alfabetización (*literacy tests*) —frecuentemente utilizadas de forma discriminatoria contra los afroamericanos— se eliminaron poco después. A menudo exigían explicaciones complejas sobre pasajes constitucionales a votantes afroamericanos, mientras que los blancos quedaban exentos. Era, sin duda, otro contexto histórico.

La Constitución de 1945 también buscó redefinir el papel del Ejército, en un momento en que las Fuerzas Armadas habían sido centrales en la Revolución de 1944. Aunque la intención era profesionalizarlo y limitarlo a la defensa nacional, el diseño institucional terminó otorgándole autonomía y un rol político relevante. El artículo 149 establecía que el Ejército debía garantizar no solo la integridad territorial, sino también el cumplimiento de la Constitución y el principio de alternabilidad presidencial, mandato que legitimaba su intervención en asuntos políticos. Además, se creó el Consejo Superior de Defensa Nacional, integrado por altos mandos con autonomía para deliberar y decidir sobre el funcionamiento del Ejército, incluso ante posibles violaciones constitucionales del Ejecutivo. Este diseño —según Jennifer Schirmer en *Intimidades del proyecto político de los militares en Guatemala*— consolidó al Ejército como árbitro político: inicialmente para defender la democracia, pero con el tiempo como actor clave de la política guatemalteca.

La vigencia de este texto fue corta. En 1954, un golpe de Estado respaldado por Estados Unidos derrocó al presidente Jacobo Árbenz, dando paso a un periodo de intensas tensiones políticas y sociales.

De la Constitución de 1956 al golpe de 1963: enterrando la Constitución de 1945

Carlos Castillo Armas consolidó su poder tras el golpe de Estado de 1954, promoviendo un plebiscito destinado a confirmar su continuidad como presidente y enterrar la Constitución de 1945. A su juicio, aquel texto constitucional —por su espíritu garantista y pluralista (derechos amplios, autonomía universitaria, organización sindical y pluralismo partidario)— hacía inviable proscribir y perseguir al comunismo, de ahí que se le declarara incompatible con la "seguridad" del régimen y se justificara su derogación. Sin embargo, el proceso estaba diseñado para garantizar su triunfo: el voto era público, es decir, a viva voz, lo que desalentaba cualquier oposición visible. El resultado fue abrumador, con 485 699 votos a favor y solo 400 en contra. No hace falta imaginar las implicaciones de votar en contra.

Además de confirmar a Castillo Armas en la presidencia, el plebiscito delegó a una Asamblea Constituyente la tarea de redactar un nuevo marco legal que respaldara el régimen liberacionista.

La Constitución de 1956, nacida de esta Asamblea, marcó un cambio radical. Redujo sustancialmente los derechos sociales de la Constitución de 1945. Por otra parte, el artículo 24 prohibió la formación de partidos "comunistas" o "totalitarios". Aunque esta medida era común en el contexto de la Guerra Fría, en la práctica se utilizó como excusa para bloquear a otros partidos que no encajaban necesariamente en esas categorías, evitando así la competencia política directa.

El texto fortaleció el control presidencial sobre las Fuerzas Armadas. Además, la Constitución de 1956 institucionalizó el exilio como castigo. Aunque el artículo 47 garantizaba que ningún guatemalteco podía ser expatriado ni privado de regresar al país, una disposición transitoria (artículo 6) facultaba al Ejecutivo a suspender esa garantía durante cinco años para los guatemaltecos señalados como comunistas que hubieran salido al exilio o recibido asilo. En términos prácticos, significaba que quienes habían salido por razones políticas no podían regresar libremente durante ese periodo: la puerta de entrada al país quedaba en manos del gobierno.

Esta Constitución tuvo una existencia breve, apenas nueve años, hasta que el golpe de Estado contra Miguel Ydígoras

Fuentes (1958-1963) puso fin a su vigencia. Guatemala atravesaba entonces una etapa de agitación: el descontento social y la corrupción corroían la estabilidad política. El anuncio del regreso de Juan José Arévalo como candidato presidencial encendió las alarmas en los sectores militares más conservadores, convirtiéndose en la chispa que desató el golpe. La caída de Ydígoras marcó no solo el fin de su gobierno, sino también el último clavo en el ataúd de la Constitución de 1956.

La Constitución de 1965 y el control militar: orden sobre democracia

El golpe de Estado del 31 de marzo de 1963, liderado por Enrique Peralta Azurdia, se presentó como una acción necesaria para evitar una supuesta toma comunista y restablecer la estabilidad. Respaldado por sectores civiles y partidos anticomunistas, el Ejército asumió el control del país, priorizando el orden sobre la democracia. Este evento marcó el fin de la Constitución de 1956 y dio inicio a un periodo de autoritarismo creciente.

Desde comienzos de la década de 1960, Guatemala había entrado en un ciclo de violencia política. Tras la Revolución cubana (1959) y la creciente polarización de la Guerra Fría, un alzamiento militar contra el presidente Miguel Ydígoras Fuentes en 1960, aunque sofocado con apoyo de la CIA, dio origen a los primeros núcleos guerrilleros. Oficiales rebeldes y jóvenes urbanos organizaron el MR-13 y, poco después, las Fuerzas Armadas Rebeldes (FAR). Aunque en un inicio eran grupos pequeños, integrados sobre todo por ladinos de clase media, marcaron el comienzo del conflicto armado interno. Así, cuando Peralta Azurdia impulsó la Constitución de 1965, el país ya vivía los primeros brotes de insurgencia. El nuevo texto constitucional reflejó esa tensión: en lugar de reforzar los derechos ciudadanos, puso en el centro la seguridad y el control militar.

El plan político detrás de esa Constitución también era claro. Según explica Francisco Villagrán Kramer en *Biografía política de Guatemala: los pactos políticos de 1944 a 1970*, la estrategia del régimen buscaba consolidar el poder en tres partidos aliados: el Movimiento de Liberación Nacional (MLN), el Partido Revolucionario (PR) y la Democracia Cristiana (DC). El esquema era sencillo: se cancelaron los demás partidos, se dictaron reglas imposibles para fundar otros nuevos —como exigir 50 mil afiliados, de los cuales 10 mil debían ser alfabetos, algo inalcanzable en un país entonces mayoritariamente analfabeto— y se cerró la competencia real. Los tres partidos autorizados pactaron, además, presentar una lista única de candidatos para la Asamblea Constituyente. Es decir, los ciudadanos podían votar, pero todos los nombres ya estaban repartidos de antemano. No extraña que un observador describiera con sorna que "competían contra sí mismos".

La Democracia Cristiana (DC), fundada en 1955, nació como un partido abiertamente anticomunista, vinculado en sus inicios a sectores medios como comerciantes, campesinos y universitarios. Durante la década de 1960 enfrentó una fuerte crisis interna, sobre todo tras el golpe militar de 1963. El debate en torno al apoyo o rechazo al régimen *de facto* desembocó en la salida de sus sectores más conservadores, quienes terminaron formando el Partido Institucional Democrático (PID). Esa ruptura dejó el control del partido en manos de dirigentes con una visión más desarrollista y progresista —entre ellos René de León Schlotter y Vinicio Cerezo—, lo que redefinió su identidad política y fortaleció sus vínculos con sectores campesinos y populares. Sin embargo, en las elecciones de 1964 la DC no presentó planilla propia para integrar la Constituyente; en los hechos, el partido quedó marginado del proceso, aunque algunos de sus cuadros sí participaron en la Asamblea, pero en un papel reducido y sin capacidad real de incidir frente al bloque MLN-PR.

El Movimiento de Liberación Nacional (MLN) surgió tras el golpe de 1954 y pronto se consolidó como el principal referente del anticomunismo en Guatemala. Bajo el liderazgo de Mario Sandoval Alarcón, el partido defendió valores tradicionales y se opuso sistemáticamente a cualquier iniciativa que considerara cercana al comunismo. En el marco de la Guerra Fría, y bajo la sombra del temor al avance del comunismo internacional, el MLN desempeñó un papel central en la política nacional, convirtiéndose en el socio natural de los militares en el poder.

El Partido Revolucionario (PR), por su parte, fue fundado en 1957 por figuras como Manuel Colom Argueta, Francisco Villagrán Kramer y Mario Méndez Montenegro, con raíces en los ideales reformistas de la Revolución de Octubre. Su mayor logro fue llevar a la presidencia a Julio César Méndez Montenegro en 1966. Pero en la Constituyente de 1965, la participación del PR se quebró cuando se introdujo en el proyecto una norma que permitía al jefe de Estado *de facto*, Enrique Peralta Azurdia, postularse a la presidencia. Los diputados del PR, entre ellos Mario Fuentes Pieruccini —segundo vicepresidente de la Asamblea—, renunciaron a sus escaños en protesta. Fue un gesto político fuerte que dejó a la Asamblea controlada principalmente por el MLN y el bloque oficialista. Con el tiempo, sin embargo, el PR iría alejándose de sus raíces reformistas y terminaría vinculado más estrechamente con regímenes militares, sobre todo durante el gobierno de Romeo Lucas García.

Un punto clave de esa Constituyente fue la aprobación del artículo 28, que establecía requisitos extremadamente estrictos para la inscripción de partidos: 50 mil afiliados, de los cuales al menos un 20% debía ser alfabeto. Para dimensionar lo restrictivo de esa norma, basta recordar que en 1965 Guatemala tenía poco más de cuatro millones de habitantes, la mayoría rurales y con altos niveles de analfabetismo. Este candado no se fijó solo "para el futuro": ya se aplicó en el propio proceso constituyente. Al entrar en vigor, provocó la cancelación de la mayoría de partidos y dejó en pie únicamente a tres —MLN, PR y DC—, que eran precisamente los concertados con el gobierno militar. El efecto fue congelar el sistema: resultaba casi imposible que surgiera un partido nuevo que compitiera en el corto plazo con los avalados por el régimen. Para dimensionar mejor la dureza de ese requisito, basta comparar con la actualidad: hoy se exigen poco más de 28 mil afiliados en un país que cuenta con más del triple de habitantes que en 1965.

En ese marco, la Constitución de 1965 nació en medio de una profunda inestabilidad política y social, como un instrumento destinado a consolidar el control del régimen militar de Enrique Peralta Azurdia. Fortaleció los poderes del Ejecutivo, subordinó el sistema político al poder castrense y restringió derechos y libertades, bajo el argumento de que estas medidas eran indispensables para combatir el comunismo y preservar el orden. Con ello, Guatemala se alineaba con las tendencias predominantes en la región.

La prioridad en la "seguridad interna" se reflejó con fuerza en los años setenta y ochenta, cuando la insurgencia se expandió hacia el altiplano. El Ejército Guerrillero de los Pobres (EGP) se instaló en la región ixil en 1972, estableciendo vínculos con comunidades locales y desarrollando una estrategia que buscaba convertir el área en una "zona liberada". Sus acciones incluyeron hechos de gran visibilidad, como los asesinatos de finqueros en 1975 y 1979, así como la ocupación temporal de Nebaj, con los que pretendía denunciar desigualdades y ganar apoyo popular. La reacción del Estado, enmarcada en la lógica de la Doctrina de Seguridad Nacional y legitimada por el marco constitucional de 1965, se tradujo en operativos militares a gran escala, que incluyeron la destrucción de aldeas, desplazamientos forzados y la organización de Patrullas de

Autodefensa Civil (PAC). Al concluir el conflicto con la firma de la paz el 29 de diciembre de 1996, la Comisión para el Esclarecimiento Histórico estimó que, a lo largo de esos 36 años, murieron o desaparecieron cerca de 200 mil personas, en su mayoría civiles.

Durante la década de 1960, casi toda América Latina atravesaba convulsiones similares, exacerbadas por la Guerra Fría. La rivalidad entre Estados Unidos y la Unión Soviética se entrelazaba con conflictos internos, mientras que el triunfo de la Revolución cubana en 1959 inspiraba movimientos insurgentes en distintos países, incluido Guatemala. En ese contexto, Washington promovió la Doctrina de Seguridad Nacional, que otorgaba a los ejércitos un papel central en la lucha contra las "amenazas internas" y sirvió de justificación para golpes de Estado y regímenes autoritarios. Hacia 1978, 17 de los 20 países latinoamericanos estaban gobernados por militares, convirtiendo al autoritarismo en la norma regional. Guatemala, que había iniciado su tránsito hacia este modelo con la caída de Jacobo Árbenz en 1954, no fue la excepción.

Aunque en 1966 Guatemala eligió a un presidente civil, Julio César Méndez Montenegro (PR), su mandato quedó limitado por un pacto con el Ejército, que mantuvo autonomía plena en la conducción de la lucha contrainsurgente. A partir de 1970, con la llegada al poder de Carlos Arana Osorio (MLN-PID), los gobiernos militares consolidaron su hegemonía, recurriendo al fraude electoral como mecanismo recurrente para perpetuarse.

Las elecciones de 1974 ofrecen un ejemplo elocuente: el conteo preliminar favorecía a Efraín Ríos Montt, candidato de la Democracia Cristiana, pero fue interrumpido y la victoria final se adjudicó al oficialista Kjell Laugerud García (PID-MLN). En 1982, un fraude aún más descarado aseguró la "victoria" de Aníbal Guevara, heredero del régimen de Romeo Lucas

García. La indignación social ante estas maniobras, sumada a la represión violenta de las protestas, desembocó en un golpe de Estado que llevó al poder a Efraín Ríos Montt, esta vez como gobernante *de facto*.

Fin de los gobiernos militares y el camino hacia la Constitución de 1985

El proceso que desembocó en la Constitución de 1985 en Guatemala no puede comprenderse sin atender la erosión progresiva de los regímenes militares, tanto en el país como en el resto de América Latina. Durante la década de 1980, la región vivió una ola de transiciones hacia la democracia, impulsada por presiones internas y externas. Si en 1978 17 de los 20 países latinoamericanos estaban gobernados por dictaduras, para 1990 prácticamente todos habían adoptado algún tipo de régimen democrático. El politólogo Adam Przeworski señala en su obra *Democracy and the Market: Political and Economic Reforms in Eastern Europe and Latin America* que las dictaduras militares tenían un talón de Aquiles: su supervivencia dependía de justificar constantemente su utilidad. Así, podían derrumbarse tanto al fracasar en su misión —como derrotar a la insurgencia— como al cumplirla, porque entonces perdían su razón de ser. En Guatemala, esa dinámica se reflejó en el desgaste del Ejército, el rechazo ciudadano y las divisiones dentro de sus filas.

Durante esos años, los regímenes militares en Guatemala habían consolidado un poder casi absoluto, no solo político sino también económico. El Ejército amplió su influencia mediante instituciones como el Banco del Ejército y el Instituto de Previsión Militar, que financiaban proyectos de vivienda, estacionamientos e industrias estratégicas, como Cementos Guastatoya. Según documenta George Black en su libro *Garrison*

Guatemala, estas empresas reforzaban el poder institucional y al mismo tiempo beneficiaban a algunos altos mandos, lo que generó malestar entre oficiales más jóvenes.

El desgaste del régimen militar y la transición hacia la democracia

El contexto regional desempeñó un papel importante. La caída de dictaduras militares en países como Argentina, Brasil y Uruguay intensificó la presión sobre Guatemala. Samuel Huntington en *La tercera ola: la democratización a finales del siglo XX* describe cómo el "efecto dominó" de las transiciones democráticas influyó en la percepción ciudadana y debilitó las narrativas que justificaban el control militar. En el caso guatemalteco, estas dinámicas se reforzaron con las crecientes demandas internacionales de respeto a los derechos humanos y con el rechazo interno hacia la violencia estatal y la corrupción, especialmente durante el régimen de Romeo Lucas García (1978-1982).

Para 1981, Guatemala acumulaba múltiples señales de crisis: violencia política generalizada, una insurgencia marxista-leninista en expansión —con arraigo en el altiplano central y occidental—, aislamiento internacional por violaciones a los derechos humanos y un frente económico en deterioro. El propio diagnóstico del Ejército admitía pérdidas en combate, reconocía que en el altiplano la guerrilla había organizado comunidades y advertía que la ausencia de servicios públicos provocaba migración masiva hacia las ciudades.

La crisis económica de los años ochenta, conocida como la "década perdida", agudizó aún más este desgaste. Tras crecer alrededor de un 6% anual en los años setenta, la economía guatemalteca comenzó a frenarse con fuerza a inicios de los ochenta: 3.5% en 1980, apenas 1% en 1981 y una caída de –3.5% en 1982, la primera contracción en tres décadas. En 1981, el PIB per cápita apenas alcanzaba los USD 549 y la balanza comercial ya mostraba un déficit de USD 510 millones, reflejo de la fuga de capitales y el estancamiento exportador.

A la caída de los precios internacionales del café y el algodón se sumaron el encarecimiento del petróleo, el desplome del turismo (de 82 millones en 1979 a solo 15 millones en 1982) y la fuga de inversión ante la violencia interna. Las reservas internacionales se redujeron drásticamente —de 718 millones en 1979 a 172 millones en 1981— y el déficit público alcanzó el 7.4% del PIB. En pocas palabras: entraba menos dinero al país del que salía, lo que dejó al gobierno sin recursos suficientes para sostener su modelo autoritario. Para 1982, la economía ya no podía mantener las estructuras de poder existentes, reflejando un colapso político y económico simultáneo. En 1984, finalmente se rompió la paridad cambiaria (un quetzal por un dólar): surgió un mercado paralelo cercano a cuatro quetzales por dólar y la inflación se disparó a más del 30% anual, deteriorando los salarios reales.

La crisis política alcanzó su clímax con el fraude electoral de 1982, que favoreció al general Ángel Aníbal Guevara. El fraude provocó protestas de candidatos opositores y periodistas que fueron encarcelados, reforzando la sensación de cierre autoritario. Este evento desencadenó el golpe de Estado que llevó al poder al general Efraín Ríos Montt. Bajo su liderazgo, se implementó el Plan Nacional de Seguridad y Desarrollo, basado en los 14 Objetivos Nacionales de Actualidad, que buscaban reconciliar al país bajo un marco estratégico de supervisión militar. Según el general Héctor Gramajo, estos objetivos abordaban áreas como la reconciliación nacional, la reestructuración judicial y el combate a la corrupción administrativa, enfatizando además una transición controlada hacia la constitucionalidad.

La estrategia, conocida como la "Tesis para la Estabilidad Nacional", estaba diseñada para administrar los conflictos sociales de forma gradual y controlada, asegurando la centralidad del Ejército en el proceso de transición. Este enfoque permitía implementar reformas políticas bajo su tutela, consolidando al Ejército como garante de la estabilidad y evitando desbordes que pusieran en peligro el orden establecido.

Sin embargo, el régimen de Ríos Montt enfrentó obstáculos insuperables: tensiones internas dentro de las Fuerzas Armadas, conflictos con las élites económicas tradicionales y una escalada en el enfrentamiento armado interno. En junio de 1982, Ríos Montt desplazó a sus compañeros de junta militar —con quienes había dado el golpe contra el general Lucas García—, Horacio Maldonado Schaad y Francisco Gordillo Martínez, para quedarse como jefe de Estado en solitario. Un año después, el 29 de junio de 1983, resistió un intento de golpe, pero el 8 de agosto fue finalmente destituido en una operación dirigida por sus propios comandantes, que incluyó tiroteos en el Palacio Nacional. Así culminó su gobierno, con un golpe de Estado liderado por sus subordinados.

Con la llegada al poder de Óscar Humberto Mejía Víctores, el enfoque hacia la transición democrática adquirió mayor claridad. Mejía Víctores levantó el estado de sitio y retomó el proceso de apertura política, dirigiendo al país hacia las elecciones de una Asamblea Nacional Constituyente en 1984. Este proceso culminó con la promulgación de una nueva Constitución en 1985. Aunque presentado como un avance hacia la democracia, este periodo continuó siendo supervisado y controlado por el Ejército, que garantizaba que la transición ocurriera bajo sus propios términos.

Se buscan 88 diputados para escribir la nueva Constitución

Después del golpe de 1982 que derrocó al general Lucas García, la Junta Militar de Gobierno tomó medidas drásticas para reorganizar el poder y allanar el camino hacia una transición democrática. Entre estas, mediante el decreto 1-82, suspendió la Constitución de 1965, declaró nulas las elecciones que habían proclamado ganador a Aníbal Guevara y disolvió el Congreso de la República. Asimismo, el decreto 7-82 extendió las funciones de las corporaciones municipales y de los alcaldes en ejercicio, aunque se reservó la facultad de destituir a aquellos que, a su juicio, no cumplieran con sus deberes.

Para darle un marco jurídico a esta reorganización, se promulgó el Estatuto Fundamental de Gobierno. Este documento, concebido como un marco temporal, reemplazó de forma provisional la Constitución de 1965 en su función de organizar el ejercicio del poder y otorgó a la Junta Militar facultades tanto ejecutivas como legislativas. Su propósito principal era garantizar las condiciones necesarias para convocar elecciones y redactar una nueva Constitución que sentara las bases del futuro democrático de Guatemala.

El reto, sin embargo, no era menor. Había que empadronar a millones de ciudadanos y organizar unas elecciones honestas y transparentes tras décadas de fraudes bajo los gobiernos militares. Durante el régimen *de facto* de Ríos Montt se dieron los primeros pasos hacia esa transición, que culminaron en 1983 con la promulgación de la Ley Orgánica del Tribunal Supremo Electoral, la Ley de Organizaciones Políticas y la Ley de Empadronamiento. Ya bajo el gobierno de Mejía Víctores, en 1984, se convocaron elecciones para elegir a los diputados de la Asamblea Nacional Constituyente (ANC).

Ahora bien, ¿qué es exactamente una ANC? En pocas palabras, se trata de un órgano extraordinario y temporal, integrado por diputados elegidos por la ciudadanía, cuya misión no es legislar como un congreso tradicional, sino algo mucho más importante: redactar o reformar la Constitución. En el caso de Guatemala, estos 88 diputados tendrían en sus manos la tarea de diseñar los cimientos legales para el retorno a la democracia.

La Ley Electoral Específica para la Elección de Asamblea Nacional Constituyente, promulgada en enero de 1984, estableció que la ANC estaría compuesta por 88 diputados: 23 serían electos por lista nacional y el resto se distribuiría de manera proporcional a la población de cada departamento. El municipio de Guatemala, como en la actualidad, se consideraba un distrito aparte, denominado entonces distrito metropolitano. Al igual que hoy, se utilizaba un sistema proporcional de elección. Explicaremos este sistema paso a paso en el capítulo 3, pero, en esencia, los ciudadanos votaban de forma similar a como lo hacen actualmente para elegir diputados al Congreso de la República: marcaban en la papeleta por un partido político o un comité cívico. Cada agrupación presentaba una lista "cerrada" de candidatos en un orden preestablecido, y los resultados se calculaban mediante una fórmula que asignaba los escaños de manera proporcional a los votos obtenidos.

En las elecciones de 1984 para la Asamblea Nacional Constituyente se permitió, además de los partidos políticos, la participación de comités cívicos electorales. A diferencia de los partidos, no eran organizaciones nacionales: su ámbito era estrictamente departamental (incluido el departamento de Guatemala, donde se ubica la capital). Eran agrupaciones de vida corta: se inscribían para esa elección y luego se disolvían. La ley fijó una condición: solo podían postular candidatos en aquellos departamentos que, a la fecha de la convocatoria a elecciones, no tuvieran por lo menos cuatro partidos debidamente autorizados (art. 115 transitorio de la Ley de Organizaciones Políticas). El propio Tribunal Supremo Electoral, en un comunicado del 2 de febrero de 1984, precisó que en ese momento esa situación se daba en todos los departamentos —también en la capital—, de modo que en todo el país fue posible organizar comités cívicos; los requisitos variaban: 500 firmas en los departamentos y mil en la capital. Hoy los comités cívicos subsisten, pero su competencia es más acotada: solo pueden postular candidatos a corporaciones municipales. Volveré sobre ello en el capítulo 7.

¿Quiénes podían votar? La nueva legislación establecía que, de diciembre de 1983 a mayo de 1984, el Registro de Ciudadanos —dependencia del recién creado Tribunal Supremo Electoral (TSE)— debía desplegar puestos de empadronamiento en todo el país. El empadronamiento era obligatorio para todos los ciudadanos entre 18 y 70 años, quienes debían presentar su documento de identidad, en aquel entonces la Cédula de Vecindad. A esta se le hacía la anotación correspondiente indicando el municipio donde la persona quedaba empadronada y donde debía votar.

En ese momento, Guatemala contaba con unos ocho millones de habitantes y una tasa de alfabetización inferior al 50%. La economía era predominantemente rural y agrícola, y la población enfrentaba condiciones económicas difíciles sin una tradición democrática establecida. Considerando que aún se vivía en medio de un conflicto armado interno y que había enormes desafíos logísticos para llegar a todo el país, empadronar a 2.5 millones de guatemaltecos —alrededor del 62% sabía leer y escribir— representó un paso importante. No era un requisito ser alfabeto para votar, pero la cifra refleja el rezago educativo de la época. Un estudio de Héctor Rosada estima que había 3.5 millones de potenciales votantes, lo que significa que cerca de un millón de ciudadanos en edad de votar no fue empadronado, probablemente debido a las dificultades logísticas y al contexto bélico.

Otro aspecto crucial fue la creación de un sistema electoral confiable. Dedicaremos tiempo a explicar con detalle el sistema de juntas electorales que se implementó bajo el nuevo TSE, presidido entonces por Arturo Herbruger Asturias. En esencia, este modelo asignaba el conteo y resguardo de los votos y boletas a los propios ciudadanos, lo que garantizó un escrutinio transparente y libre de fraude. El esquema sigue vigente hasta hoy, aunque la mayoría de los guatemaltecos conoce poco sobre sus virtudes.

Ante los desafíos para que los partidos pudieran inscribirse de manera definitiva, se autorizó una inscripción provisional para aquellas organizaciones que lograran reunir al menos 4 mil afiliados. Gracias a esta medida, participaron 17 partidos políticos y tres comités cívicos, con un total de 1 174 candidatos. Fue una oferta relativamente amplia, aunque limitada por las circunstancias del enfrentamiento armado.

Las elecciones de diputados para la Constituyente de 1984 estuvieron protagonizadas por tres partidos principales: la Democracia Cristiana (DC), que obtuvo el 21% de los votos; la recién formada Unión del Centro Nacional (UCN), con el 18%; y el Movimiento de Liberación Nacional (MLN), en alianza con la Central Auténtica Nacionalista (CAN), que alcanzó el 16%. Según la fórmula electoral, de los 88 diputados la DC obtuvo 20 escaños, el MLN-CAN 23 y la UCN 21. Solo un comité cívico logró representación: en Quetzaltenango, la Organización Campesina de Acción Social (OCAS), cuyo diputado veremos más adelante.

La DC y el MLN, partidos que ya existían durante los gobiernos militares, tenían perfiles ideológicos opuestos. La DC, en aquel contexto, representaba lo que se percibía como centroizquierda, mientras que el MLN era un partido de derecha que competía en coalición con la CAN, agrupación nacida del liderazgo del expresidente Arana Osorio. Por su parte, la UCN, fundada en 1983 y liderada por Jorge Carpio Nicolle, adoptaba una visión centrista aunque inclinada hacia la derecha. Carpio Nicolle había pertenecido originalmente a la DC, pero decidió fundar la UCN con miras a una candidatura presidencial. En un inicio, la UCN estableció una alianza con el Partido Nacionalista Revolucionario (PNR), un partido de derecha cuyo secretario general era el expresidente Alejandro Maldonado Aguirre. Esa alianza, sin embargo, se rompió: el PNR obtuvo cinco escaños, mientras que el Partido Revolucionario (PR), con 10, llegó fragmentado, con figuras moderadas y algunos socialdemócratas, lo que redujo su peso dentro de la Constituyente.

Los tres bloques principales (DC, MLN-CAN y UCN), que en conjunto sumaban 64 de los 88 diputados, dominaron la Asamblea. Como ninguno contaba con mayoría absoluta, se acordó un modelo de presidencia rotativa. Tres diputados alternaron la conducción de la Constituyente: Ramiro de León Carpio (UCN), Roberto Carpio Nicolle (DC) y Héctor Aragón Quiñónez (MLN-CAN), cada uno ocupando el cargo por turnos mensuales.

De los 88 diputados constituyentes, solo tres eran mujeres, es decir, menos del 5% de la Asamblea. Una proporción muy reducida si la comparamos con la legislatura 2024-2028, donde las mujeres representan el 20% de los 160 diputados, aunque todavía lejos de los niveles de participación de otras democracias. Ellas fueron: Catalina Soberanis (DC), quien más tarde sería ministra de Educación y la primera mujer en presidir el Congreso en 1991; Aída de Rodríguez (DC), sexta secretaria de la directiva constituyente, y Eunice Lima Schaul (UCN), la primera mujer inscrita como profesional en el Colegio de Abogados y Notarios de Guatemala.

En la Asamblea Constituyente de 1984, aunque no contamos con cifras exactas, la representación de los pueblos indígenas fue minoritaria. Sin embargo, su presencia marcó momentos significativos. La primera tarea de la Constituyente fue aprobar su Ley de Régimen Interior, es decir, las reglas que ordenarían el funcionamiento de la ANC: desde quién dirigía las sesiones hasta cómo se organizaban los debates o qué hacer en caso de ausencias injustificadas de los diputados.

La ANC quedó formalmente instalada el 1.º de agosto de 1984. En las primeras discusiones sobre su reglamento interno surgió un debate inesperado: la propuesta original del artículo 33 de la Ley de Régimen Interior establecía que los diputados se expresaran únicamente en español. Entonces intervino

Mauricio Quixtán (comité cívico OCAS), diputado por Quetzaltenango, hablando en k'iche'. "Ruego no extrañen cuando hablo en mi idioma, ya que transmito el mandato de mi pueblo", dijo, subrayando la importancia de permitir el uso de los idiomas mayas en el Pleno.

El gesto provocó reacciones diversas. Algunos diputados se mostraron preocupados por las implicaciones prácticas y se preguntaban qué pasaría si, por ejemplo, un legislador se sintiera aludido u ofendido en un idioma que no comprendía. Otros señalaron que reducir el Pleno al monolingüismo perpetuaría la discriminación histórica de los pueblos indígenas. Entre quienes defendieron la postura de Quixtán estuvo el diputado Jorge Skinner-Klée (UCN), quien pronunció un extenso y recordado discurso. Recalcó que para muchos guatemaltecos el español era solo una segunda lengua, y que ignorar esa realidad equivaldría a "darle un taconazo" a su identidad cultural. También advirtió que, en un país con tantos idiomas distintos, limitar los debates al castellano significaba reproducir una exclusión de siglos.

Las posturas se dividieron básicamente por líneas ideológicas. Los argumentos a favor de la propuesta de Quixtán provenían de diputados de la UCN, DC, PNR y PR, entre otros; en contra se ubicaron principalmente el MLN, la CAN y el PID, los partidos más a la derecha en ese momento. La prensa recogió el incidente. La edición del diario *La Hora* del 4 de agosto de 1984 incluía una nota que destacaba la voz indígena en la Constituyente y registraba las reacciones adversas hacia Quixtán: "Por un lado, se dice que Quixtán no utiliza permanentemente su traje indígena. Algunos medios se han atrevido a decir que el vistoso traje que utiliza no corresponde a ningún diseño conocido dentro de los trajes indígenas [...] Por otro lado, se cuestiona una deficiencia en el uso del idioma español [...] asegurándose de que lo domina perfectamente y que tal deficiencia sería un simple ardid del diputado [...]".

Finalmente, el artículo 33 de la Ley de Régimen Interior fue aprobado con algunas variaciones. El texto estableció que, aunque el español sería el idioma oficial de la Asamblea Nacional Constituyente, los diputados podrían expresarse en otros idiomas nacionales durante sus intervenciones. Las declaraciones en idiomas indígenas debían registrarse en acta y su contenido esencial traducirse al español, ya fuera de manera verbal o escrita, para asegurar la comprensión de todos los miembros del Pleno. Décadas después, el país daría un paso adicional con la aprobación de la Ley de Idiomas Nacionales en 2003, que reconoce jurídicamente el uso de los idiomas mayas, garífunas y xinka en el ámbito público y privado.

La dinámica de la Asamblea Nacional Constituyente no solo estuvo marcada por debates ideológicos y culturales, sino también por el diseño de un mecanismo de trabajo que permitiera avanzar de manera organizada en la redacción de la nueva Constitución. Para ello, se creó la Comisión de los Treinta, integrada por siete diputados de la UCN, siete de la DC, cuatro del MLN, tres del PR, tres de la CAN, dos del PID, dos del PNR, dos del Partido de Unificación Anticomunista (PUA) y el único representante de OCAS, Mauricio Quixtán. Este modelo de trabajo reflejaba la necesidad de construir consensos en un contexto de pluralidad política y fragmentación. Ningún bloque contaba con la mayoría suficiente para imponer unilateralmente su visión, lo que obligaba a mantener un equilibrio entre las tres fuerzas principales y a esforzarse por incluir a los demás bloques. Así, las decisiones requerían un cuidadoso proceso de negociación en el que era necesario ceder en algunos puntos para garantizar avances en otros.

Los constituyentes también enfrentaron presiones de actores externos, como la guerrilla y las élites militares y económicas, que influían en los márgenes de lo políticamente posible. Finalmente, después de 10 meses de intensos debates, la ANC promulgó la Constitución el 31 de mayo de 1985.

Conviene recordar que el decreto de convocatoria de la ANC no solo le encomendaba la redacción de la nueva Constitución, sino también la elaboración de la Ley Electoral y de Partidos Políticos (LEPP) y de la Ley de Amparo, Exhibición Personal y de Constitucionalidad (LAEPC). Esta última regula garantías fundamentales como el amparo y el funcionamiento de la Corte de Constitucionalidad, entre otras materias. Tras aprobar la Constitución, la ANC continuó sus labores y, en diciembre de 1984, promulgó la LEPP y, en enero de 1986, la LAEPC.

La Constitución establecía que debían celebrarse elecciones generales el 3 de noviembre de 1985, con una segunda vuelta prevista para el 8 de diciembre de ese mismo año. El nuevo texto constitucional cobraría vigencia una vez que tomaran posesión los diputados democráticamente electos al Congreso de la República, el 14 de enero de 1986. Ese día, al asumir el primer gobierno elegido en las urnas, se disolvió la ANC y entró en vigor la nueva Constitución, no sin antes emitir el decreto 2-86, que estableció el 31 de mayo como el Día de la Constitución.

Con este contexto, en el próximo capítulo exploraremos los principales temas abordados por la nueva Carta Magna, su entrada en vigor y los conocimientos esenciales que todo ciudadano debe tener para comprender plenamente este documento antes de su lectura.

2

La Constitución

> Si los hombres fueran ángeles, no sería necesario el gobierno. Si los ángeles gobernaran a los hombres, no serían necesarios controles externos ni internos sobre el gobierno. Al diseñar un gobierno que debe ser administrado por hombres para gobernar a otros hombres, la gran dificultad radica en esto: primero, se debe dotar al gobierno de la capacidad para controlar a los gobernados; y, en segundo lugar, se le debe obligar a controlarse a sí mismo.
>
> James Madison, *El Federalista*, núm. 51

Hemos explorado el contexto que llevó a Guatemala a adoptar la Constitución de 1985. Ahora surge una pregunta inevitable: ¿qué es exactamente una Constitución?, ¿qué espera encontrar un ciudadano al leerla y cuál es su verdadero propósito? En otras palabras, ¿para qué le sirve al ciudadano tener una Constitución?

Para comenzar, una Constitución no es solo un conjunto de normas fundamentales que organiza el poder en un Estado y garantiza los derechos de quienes lo habitan; es también un acto de ingeniería política que busca construir un orden estable y predecible. El término proviene del latín *constitutio*, derivado de *statuo* ("establecer" o "erigir"), y refleja precisamente ese propósito: erigir un marco que limite los abusos del poder y proteja los derechos fundamentales.

Aunque cada país ajusta el contenido de su Constitución según su propio contexto, prácticamente todas las constituciones modernas cumplen tres funciones básicas: organizar el gobierno, distribuir el poder y limitarlo. Su valor reside, además, en la protección de los derechos fundamentales. Por eso, muchas constituciones dividen su contenido en dos partes: una "dogmática", que enumera y establece los catálogos de derechos, y otra "orgánica", que describe la estructura y el funcionamiento del poder público.

Más allá de ser documentos legales, las constituciones son la base de sistemas políticos que reflejan valores e ideales como la limitación del poder, la separación de poderes y la supremacía constitucional. Estos principios, que llamamos constitucionalismo, surgieron en distintos momentos históricos y siguen presentes en la Constitución guatemalteca de 1985, invitándonos a reflexionar sobre su diseño y propósito.

El constitucionalismo

El constitucionalismo no se reduce a la existencia de un texto llamado "Constitución". Es un conjunto de principios y prácticas destinado a organizar el poder del gobierno y, sobre todo, a limitarlo de manera efectiva. Un documento que no detenga los abusos del poder ni garantice derechos fundamentales pierde su esencia, sin importar cómo se le llame.

Un ejemplo claro es que incluso regímenes autoritarios como el de Corea del Norte, Cuba, Nicaragua o Venezuela cuentan con textos constitucionales. Sin embargo, estos no evitan que el poder se ejerza sin contrapesos ni garantías efectivas para los ciudadanos.

El constitucionalismo busca un delicado equilibrio: limitar el poder sin paralizarlo. Como explican András Sajó y Renáta Uitz en *The Constitution of Freedom*, las limitaciones al poder son como los frenos de un automóvil: no están diseñados para detenerlo por completo, sino para regular su movimiento y mantenerlo bajo control. Este principio constituye el núcleo de toda Constitución funcional y democrática.

Históricamente, el constitucionalismo surge como respuesta directa a los abusos del poder absoluto. En 1215, la Carta Magna obligó al rey Juan Sin Tierra a aceptar que incluso el monarca debía someterse a ciertas reglas. Más tarde, la Revolución Gloriosa de 1688 en Inglaterra consolidó la idea de que ningún gobernante está por encima de la ley. Por su parte, la Declaración de los Derechos del Hombre y del Ciudadano de 1789 en Francia proclamó principios esenciales como la soberanía popular y la igualdad ante la ley, cimentando las bases de los sistemas democráticos modernos.

Entre los pilares fundamentales del constitucionalismo destacan la separación de poderes, los controles y contrapesos (*checks and balances*) y la protección de los derechos fundamentales. James Madison, una de las mentes detrás de la Constitución de Estados Unidos, enfatizó que un gobierno efectivo no solo debe tener el poder de controlar a los gobernados, sino también mecanismos internos para limitarse a sí mismo. Dividir el poder en distintas ramas autónomas permite que estas se supervisen mutuamente y se eviten excesos de autoridad.

Estas ideas, surgidas en contextos históricos diversos, también quedaron plasmadas en la Constitución guatemalteca de 1985. Nuestro texto refleja una comprensión moderna del constitucionalismo al prever no solo la clásica división de poderes entre Ejecutivo, Legislativo y Judicial, sino también la creación de órganos de control independientes que algunos teóricos, como el profesor Mark Tushnet en *The New Fourth Branch*, denominan la "cuarta rama" del gobierno.

Instituciones como la Corte de Constitucionalidad, la Contraloría General de Cuentas, la Procuraduría de los Derechos Humanos o el propio Tribunal Supremo Electoral —creado en la Ley Electoral y de Partidos Políticos— tienen el propósito de supervisar y limitar el ejercicio del poder en áreas específicas, velando por principios como la transparencia, el equilibrio constitucional y el respeto a los derechos humanos. Pensadas como contrapesos adicionales, estas entidades buscaban fortalecer la democracia constitucional, prevenir abusos de poder y proteger el Estado de derecho. ¿Lo consiguieron? A lo largo del libro iremos buscando respuestas.

La Constitución como norma legal suprema

Este capítulo comienza con una cita de uno de los autores de *El Federalista*, la colección de ensayos publicada por Alexander Hamilton, James Madison y John Jay entre 1787 y 1788 para promover la ratificación de la Constitución de Estados Unidos. En el ensayo 78, Hamilton afirma: "Una Constitución, por su naturaleza, debe ser reconocida por los jueces como la ley fundamental. Por ello, corresponde a los tribunales esclarecer su significado, así como el de cualquier acto emanado del órgano legislativo. En caso de una contradicción irreconciliable entre ambos, debe prevalecer aquello que tenga mayor jerarquía y validez; en otras palabras, la Constitución debe imponerse sobre la ley ordinaria [...]".

El principio de supremacía constitucional se materializó años más tarde en el famoso caso *Marbury v. Madison* (1803). En esta disputa, surgida a raíz de los nombramientos judiciales del presidente saliente John Adams, el presidente de la Corte Suprema, John Marshall, estableció un precedente histórico: la revisión judicial. Esta doctrina otorgó a los jueces la facultad de declarar inconstitucionales actos de gobierno o leyes que contradigan la Constitución, sentando una base que inspiró a muchos otros sistemas constitucionales en el mundo, cada uno adaptado a su propio contexto.

Tener la Constitución por escrito no bastaría si no se reconoce como la norma suprema del sistema jurídico. Esto significa que toda ley, decisión política o acto oficial debe someterse a lo que establece la Constitución. En Guatemala, los artículos 175 y 204 lo confirman expresamente: cualquier norma que la contradiga es inválida, y los tribunales están obligados a aplicar siempre la Constitución como ley superior.

Nuestra Constitución, además, prevé mecanismos para garantizar esa supremacía y proteger los derechos fundamentales frente a posibles abusos del poder. Uno de ellos es el amparo, regulado en el artículo 265, que permite a los ciudadanos defenderse de acciones arbitrarias de las autoridades.

A la par, se creó la Corte de Constitucionalidad, regulada en los artículos 268 al 272, encargada de conocer las acciones de inconstitucionalidad contra normas emitidas por el Congreso u otras entidades con potestad normativa. Su función principal es anular aquellas disposiciones que vulneren la Constitución, reforzando así la supremacía del texto constitucional. Tanto el amparo como la Corte de Constitucionalidad los discutimos con más detalle en el capítulo 6.

Democracia y Estado de derecho

El "Estado de derecho" es una expresión común en el discurso político, utilizada tanto para justificar como para cuestionar políticas públicas. Sin embargo, a pesar de su uso frecuente, es un concepto que muchas veces se menciona sin comprenderlo plenamente. En esencia, el Estado de derecho implica que todos —desde los ciudadanos hasta los funcionarios públicos— están sometidos a la ley y a la Constitución como norma suprema. Además, los funcionarios, en el ejercicio de su cargo, están limitados por el principio de legalidad: solo pueden hacer aquello que la ley expresamente les autoriza.

Ahora bien, un verdadero Estado de derecho exige más que la mera obediencia formal a las leyes. Después de todo, los cuerpos legislativos pueden aprobar normas que violen principios básicos de justicia. Lon Fuller, filósofo del derecho, señaló en *La moral del derecho* que el Estado de derecho fracasa cuando las leyes son poco claras, no se publican, se aplican de forma retroactiva, resultan imposibles de cumplir, cambian constantemente o se aplican de manera incoherente. En otras palabras, no basta con tener leyes: estas deben ser claras, justas y aplicarse de forma consistente.

Aunque nuestra Constitución no menciona de forma explícita el término *Estado de derecho*, la idea está implícita en la supremacía constitucional, en la sujeción de los funcionarios a la ley y en otros principios fundamentales. La Corte de Constitucionalidad ha interpretado este concepto como la base de la seguridad jurídica, entendida como la existencia de normas claras, estables y predecibles que respetan los derechos fundamentales y evitan restricciones arbitrarias.

Por otro lado, el artículo 140 de la Constitución establece que nuestro sistema de gobierno es "republicano, democrático y representativo". Definir qué es democracia no es tarea sencilla: aunque todos creemos tener una idea, el concepto es más complejo de lo que parece.

Una definición útil es la minimalista propuesta por el politólogo Robert Dahl: democracia es un sistema político con elecciones libres y competitivas, sufragio universal, protección de libertades civiles y un gobierno basado en autoridades electas sin interferencias de poderes no democráticos. Esta visión deja claro que la democracia no se reduce al acto de votar; exige igualdad en la participación y respeto por los derechos fundamentales.

De esta definición se desprenden dos observaciones clave:

1. **Existen regímenes híbridos.** En algunos países pueden celebrarse elecciones relativamente transparentes, pero no verdaderamente libres si se restringe la competencia política o se limita la libertad de expresión. Así, conviven

elementos democráticos con prácticas autoritarias. Indicadores como el Índice de Democracia de *The Economist* clasifican a Guatemala como un régimen híbrido: cuenta con elecciones y cierta libertad política, pero persisten restricciones a derechos y libertades que impiden considerarla una democracia plena.

2. **Los derechos fundamentales son el corazón de la democracia.** No basta con leyes claras ni con limitar formalmente al poder público. Sin garantías efectivas de derechos como la libertad de expresión, la igualdad ante la ley o el acceso a la justicia, la democracia se vuelve incompleta y pierde legitimidad.

Los derechos fundamentales

Las constituciones limitan el poder del Estado y reconocen derechos que no pueden ser vulnerados. Su principal destinatario es el poder público, que tiene como objetivo garantizar los derechos fundamentales y limitar sus facultades.

Por ejemplo, el artículo 35 de la Constitución garantiza la libertad de expresión al prohibir que el Estado persiga o censure a alguien por manifestar sus ideas. De este modo, la norma protege a las personas frente al poder estatal, asegurando sus libertades y derechos básicos.

Tipos de derechos fundamentales

El catálogo de derechos reconocidos en la Constitución incluye diversos tipos. En los primeros 46 artículos se encuentran principalmente los *derechos individuales*, que resguardan la libertad, la dignidad y la igualdad de las personas. Estos actúan como barreras que el Estado no puede sobrepasar.

A ello se suman los *derechos políticos*, esenciales porque garantizan la participación en la vida democrática del país. Un ejemplo es el artículo 136, que reconoce el derecho a elegir, ser electo y participar en actividades políticas. Estos derechos son clave para proteger la soberanía ciudadana y permitir que los individuos contribuyan de manera activa al sistema democrático.

Por otra parte, están los *derechos económicos, sociales, culturales y ambientales* (DESCA), cuyo fin es garantizar el acceso a servicios básicos como la educación, la salud y la seguridad social, así como proteger derechos colectivos de comunidades y grupos vulnerables. Entre los artículos 47 y 117 se regulan, entre otros, los derechos laborales, los de los pueblos indígenas y la protección ambiental.

Históricamente, los derechos civiles y políticos se han concebido para proteger a las personas frente a los abusos del Estado. Estos se conocen como derechos "negativos", pues imponen al Estado la obligación de no interferir en la esfera privada. Los DESCA, en cambio, exigen algo más: una acción positiva del Estado destinada a garantizar condiciones mínimas de bienestar como la salud, la educación y la seguridad social.

Durante las primeras décadas del siglo XX América Latina comenzó a incorporar este tipo de derechos en respuesta a demandas sociales no atendidas. La Constitución mexicana de 1917 fue pionera en esta tendencia al incluir disposiciones sobre derechos sociales, sirviendo de referencia para otros textos constitucionales de la región. Este cambio reflejó un rol más amplio del Estado, que dejó de limitarse a garantizar derechos individuales y asumió responsabilidades relacionadas con el bienestar colectivo.

El ámbito internacional de los derechos humanos

El derecho internacional también desempeña un papel central en la protección de los derechos humanos. Desde 1945, la Carta de las Naciones Unidas fijó la promoción de estos derechos como uno de sus objetivos fundamentales. Posteriormente, tratados como el Pacto Internacional de Derechos Civiles y Políticos (PIDCP) y el Pacto Internacional de Derechos Económicos, Sociales y Culturales (PIDESC) convirtieron esos principios en compromisos legales.

Guatemala, al ser parte de estos tratados, tiene la obligación de cumplirlos. Los mecanismos de evaluación suelen adoptar la forma de resoluciones e informes que, aunque no son vinculantes, sirven para evidenciar posibles violaciones y señalar áreas de mejora en el cumplimiento de los compromisos internacionales.

Además, Guatemala integra el Sistema Interamericano de Derechos Humanos (SIDH) al haber ratificado la Convención Americana sobre Derechos Humanos. En consecuencia, acepta la jurisdicción de la Corte Interamericana de Derechos Humanos, un tribunal con facultades para determinar si un Estado ha violado los derechos reconocidos en la Convención.

Una de las grandes innovaciones de la Constitución de 1985 se encuentra en el artículo 46, que otorga a los tratados internacionales de derechos humanos una jerarquía equivalente a la de la propia Constitución. Esto significa que todas las leyes y actos del gobierno deben ajustarse a dichos tratados, consolidando un marco jurídico nacional abierto al derecho internacional de los derechos humanos.

¿Quién hace cumplir los derechos?

Decíamos antes que suele explicarse teóricamente que los derechos civiles y políticos son "negativos", mientras que los DESCA son "positivos". Sin embargo, como señalan Cass Sunstein y Stephen Holmes en su libro *El costo de los derechos: por qué la libertad depende de los impuestos*, todos los derechos —incluso los considerados "negativos"— dependen de la intervención del Estado para hacerse efectivos. Sin instituciones públicas que los respalden, los derechos no pasan de ser meras aspiraciones. Por ello, más que dividirlos en positivos o negativos, debemos entender que todos los derechos requieren recursos, acción estatal y estructura institucional para convertirse en realidad.

La existencia de derechos no garantiza su cumplimiento automático. Es fundamental conocer qué derechos nos reconoce la Constitución, pero esto no basta por sí solo. Un ejemplo lo ofrece el *Comparative Constitutions Project*, que recopila datos de constituciones en 190 países, incluyendo el número de derechos reconocidos. Hasta 2016, Ecuador encabezaba la lista con 99 derechos, seguido de Serbia y Bolivia con 88. En contraste, la Constitución francesa reconoce solo 14 y la de Países Bajos 26, ambas menos que los 63 derechos que, según este estudio, reconoce la Constitución de Guatemala.

¿Significa esto que ecuatorianos, bolivianos o guatemaltecos gozan en la práctica de más derechos que franceses u holandeses? Claramente, no. El número de derechos enumerados en un texto constitucional no garantiza su cumplimiento. Una de las razones esenciales para tener un gobierno es justamente asegurar que los derechos no solo existan en papel, sino que sean respetados y protegidos.

Ejemplo: el derecho a la vida

El artículo 3 de la Constitución guatemalteca garantiza el derecho a la vida. Pero ¿qué significa realmente este derecho? Pensemos en un caso común en Guatemala: un grupo criminal extorsiona a una persona, exigiéndole el pago de una suma de dinero bajo amenazas. En este contexto, el Estado no puede limitarse a "no interferir" en la esfera privada de los individuos. Debe *garantizar la seguridad pública, investigar las amenazas y proteger a las personas en riesgo.*

Para cumplir con esta obligación, el Estado debe actuar en varios niveles:

1. **Normativo:** el Congreso debe aprobar leyes secundarias que tipifiquen la extorsión como delito e impongan penas.
2. **Ejecutivo:** se necesita un cuerpo policial que garantice la seguridad, investigue los hechos y capture a los responsables.
3. **Judicial:** el artículo 14 establece la presunción de inocencia, y el artículo 12 garantiza un juicio justo ante juez competente. Esto exige fiscales que investiguen y acusen, jueces que determinen la culpabilidad y defensores públicos para quienes no puedan costear un abogado.

Dos ideas fundamentales

Este ejemplo ilustra dos puntos centrales:

1. **Los derechos necesitan instituciones.** No existen por sí solos; dependen de un entramado complejo de órganos estatales que se sostienen en la Constitución. Sin este respaldo, los derechos se reducen a simples declaraciones sin efecto.
2. **La Constitución como plano.** Puede compararse con los planos de un edificio: define el diseño básico y las especificaciones de la estructura institucional. Sin embargo, incluso un buen plano puede fallar —por cálculos erróneos, materiales deficientes o un diseño que ignora el terreno—. De manera similar, una Constitución

puede fracasar si establece reglas ambiguas, instituciones contradictorias o mecanismos incapaces de responder a los cambios de la sociedad. Un sistema judicial condicionado por nombramientos politizados, por ejemplo, sería como un plano que ignora la capacidad de carga del suelo.

Más allá del plano

Por otra parte, un proyecto de arquitectura constitucional aparentemente impecable puede fracasar si las leyes secundarias, las políticas públicas o la implementación institucional no alcanzan el estándar fijado en los planos. Una ley de contrataciones defectuosa o un servicio civil ineficiente equivalen a construir con materiales de baja calidad.

En síntesis, los problemas pueden originarse en tres niveles:

- en el plano base (la Constitución),
- en su desarrollo técnico (las leyes),
- o en su ejecución práctica (las instituciones y políticas públicas).

Cuando el "edificio" institucional muestra grietas, debemos preguntarnos: ¿falla el diseño constitucional, las especificaciones legales o la ejecución práctica? A lo largo de este libro intentaremos responder a estas preguntas para comprender los retos que enfrenta nuestro sistema en sus distintas áreas. Veremos cómo la Constitución no solo traza un marco normativo, sino que se aplica en la realidad a través de leyes, instituciones y decisiones políticas.

Las constituciones como acuerdos vivos

Las constituciones no son recetas mágicas ni garantías automáticas de que todo funcionará como se espera. Más que documentos ideales, son acuerdos vivos y pragmáticos que reflejan compromisos diseñados para permitir la coexistencia pacífica entre distintos grupos, incluidos los perdedores políticos. Su verdadero valor radica en que son herramientas cuyo significado y alcance dependen tanto de lo que sucede antes como de lo que ocurre después de su creación.

Un ejemplo claro es la Constitución de Estados Unidos, producto de una serie de acuerdos en la Convención Constitucional de 1787. Los estados resolvieron sus diferencias mediante concesiones clave: se creó un Congreso bicameral con una cámara basada en la población (la Cámara de Representantes) y otra con representación igualitaria por estado (el Senado), se permitió a los estados del sur contar a los esclavos como tres quintos de una persona para efectos de representación y se adoptó un sistema de electores para elegir al presidente en lugar de un voto directo. Estas concesiones, aunque imperfectas, muestran un pragmatismo político orientado a consolidar un gobierno nacional.

Sin embargo, lo que hace a la Constitución estadounidense especialmente interesante no es solo su diseño inicial, sino su evolución a través del tiempo. Aunque el texto ha cambiado formalmente en contadas ocasiones mediante enmiendas, los cambios más significativos provienen de interpretaciones judiciales y transformaciones políticas que redefinieron su alcance. Durante el New Deal en la década de 1930, por ejemplo, la Corte Suprema reinterpretó disposiciones constitucionales para responder a la crisis de la Gran Depresión. Ese cambio no fue producto de una enmienda formal, sino de lo que el profesor Bruce Ackerman denomina un "momento constitucional": una transformación de la Constitución sin alterar su texto, consolidada a través de procesos políticos y judiciales.

La flexibilidad interpretativa de Estados Unidos refleja su tradición legal, donde la práctica judicial tiene un papel central en la actualización del marco constitucional. Esto contrasta con el caso guatemalteco, donde las reformas dependen estrictamente de los procedimientos formales previstos en el texto y las interpretaciones suelen ser más restrictivas. Guatemala, al igual que muchos países latinoamericanos, ha cambiado de Constitución con mayor frecuencia, reflejo de los ciclos políticos e históricos de la región.

Menciono el caso estadounidense únicamente para dar perspectiva y resaltar las diferencias con nuestras tradiciones. Mientras Estados Unidos ha mantenido la misma Constitución con algunas reformas durante más de 236 años, en otras regiones la experiencia ha sido distinta. Gabriel Negretto, en *Making Constitutions*, muestra que los países de Europa Occidental adoptaron en promedio 3.2 constituciones entre 1789 y 2001, con una duración media de 76 años. En contraste, América Latina ha promulgado un promedio de 10.7 constituciones por país, con una vida útil promedio de apenas 16.5 años.

En este contexto, Guatemala, con sus siete constituciones, se sitúa por debajo del promedio regional en cuanto a cambios. No obstante, países vecinos como El Salvador y Honduras han tenido 15 y 14 constituciones, respectivamente. Este contraste invita a reflexionar sobre las causas de estas diferencias y sobre cómo nuestras historias políticas han influido en la estabilidad y duración de nuestras constituciones.

Ahora bien, esto no significa que cada Constitución sea un borrón y cuenta nueva. A lo largo del tiempo, algunos elementos han permanecido. Guatemala ha mantenido siempre un sistema presidencialista, a diferencia de los sistemas parlamentarios donde el primer ministro es designado por el parlamento, y ha conservado un congreso unicameral. La Constitución de

1985, en ese sentido, combina elementos de continuidad con innovaciones fruto del consenso.

Uno de los debates más intensos de la Asamblea Nacional Constituyente se centró en el artículo relativo a la propiedad privada. La Comisión de los Treinta propuso en el artículo 39 que: "El Estado garantizará su ejercicio a todos los ciudadanos, emitirá las leyes y creará las condiciones que aseguren que el propietario se sirva de sus bienes en forma eficiente y útil, de manera que la propiedad privada cumpla una función social".

La propuesta generó fuertes divisiones. La Democracia Cristiana y el Partido Revolucionario defendían la inclusión de la "función social" de la propiedad, coherente con una visión de justicia social. En cambio, los bloques de derecha —el Movimiento de Liberación Nacional, la Central Auténtica Nacionalista y el Partido Institucional Democrático— la rechazaban, evocando el recuerdo de la reforma agraria de Jacobo Árbenz. Finalmente, se alcanzó un acuerdo: eliminar la referencia explícita a la función social para destrabar otros temas de la agenda. Incluso constituyentes de la Democracia Cristiana terminaron votando a favor de esta versión.

Aun así, el espíritu social no desapareció del texto. Otros artículos incorporaron protecciones específicas para las tierras de cooperativas, comunidades indígenas, tierras comunales, patrimonios familiares y viviendas populares. Además, el artículo 118 estableció que el régimen económico y social del país se fundamenta en principios de justicia social.

Todo documento constitucional es, en definitiva, un texto vivo producto de acuerdos y concesiones. Varios constituyentes recordaron, por ejemplo, que el capítulo sobre el Ejército fue el resultado de un pacto explícito con el régimen militar, reflejando las condiciones propias de una transición democrática tutelada, como se explicó en el capítulo 1.

Modificando la Constitución

Ninguna Constitución es perfecta; a menudo requiere cambios y ajustes para cumplir con sus fines. El filósofo conservador Edmund Burke en *Reflexiones sobre la revolución en Francia* lo expresó con claridad: "Un Estado que no cuenta con mecanismos para realizar cambios carece también de medios para preservarse. Sin esas herramientas, incluso corre el riesgo de perder aquella parte de su constitución que más desea conservar".

Aunque Burke no era partidario de los cambios radicales, reconocía la importancia de mantener un delicado equilibrio entre estabilidad y flexibilidad. Ese mismo balance buscan las constituciones.

La Constitución de Guatemala de 1985 regula los procesos de reforma en los artículos 277 al 280. El artículo 277 establece quiénes tienen iniciativa para proponer cambios: el presidente de la República en Consejo de Ministros, al menos 10 diputados del Congreso, la Corte de Constitucionalidad o, de manera singular, la ciudadanía mediante una petición respaldada por al menos cinco mil empadronados. En todos los casos, el Congreso está obligado a conocer la propuesta sin demora.

Existen dos métodos para reformar la Constitución. El primero requiere una Asamblea Nacional Constituyente y aplica únicamente al Capítulo I del Título II, que regula los derechos humanos. Según el artículo 278, el Congreso debe aprobar esta convocatoria con dos tercios de sus votos y emitir un decreto que ordene elecciones de diputados constituyentes. El segundo método, regulado en el artículo 280, se aplica a cualquier otra reforma. En este caso, la modificación debe ser aprobada por dos tercios del Congreso y luego ratificada por la ciudadanía en una consulta popular. Si es aceptada, entra en vigencia 60 días después de la publicación de los resultados por parte del Tribunal Supremo Electoral; si es rechazada, el proceso concluye.

Reformas de 1993

Desde su promulgación, la Constitución ha sufrido solo un paquete de reformas. Después del intento de autogolpe de Estado protagonizado por el presidente Jorge Serrano Elías en mayo de 1993, conocido como el Serranazo, se restauró el orden constitucional. En noviembre de ese mismo año, el Congreso aprobó un paquete de reformas que modificó 37 artículos de la Constitución. Estas reformas siguieron el procedimiento establecido en el artículo 280: primero fueron aprobadas por dos tercios del Congreso y luego sometidas a consulta popular.

La consulta se celebró el 30 de enero de 1994, con una participación de apenas el 15.9% del padrón electoral. El "sí" ganó con el 67.7% de los votos válidos, y las reformas entraron en vigor.

En el capítulo 6, cuando hablemos de la Corte de Constitucionalidad, volveremos sobre este episodio. Por ahora, basta con señalar que las reformas de 1993 ilustran tanto la complejidad como el impacto de modificar una Constitución.

Aunque no entraremos en detalle sobre todos los cambios introducidos (algunos se retomarán a lo largo del libro), es importante destacar que alteraron aspectos fundamentales del diseño original de la Constitución en diversas áreas. Uno de los cambios más emblemáticos fue la prohibición al Banco de Guatemala de financiar al gobierno central mediante la emisión de moneda. Este ajuste respondió a un contexto marcado por la alta inflación. Aunque Guatemala no registra inflación de dos dígitos desde 1996 —cuando alcanzó el 10.85%—, en 1990 llegó a un alarmante 59.81%, y en 1993 todavía se situaba entre el 11 y el 12%.

Sin embargo, nuestro interés radica en cómo estas reformas impactaron en la arquitectura constitucional del país. Por ejemplo, los periodos del presidente, vicepresidente y diputados del Congreso se redujeron de cinco a cuatro años. Asimismo, se modificó el sistema de elección de los diputados.

Actualmente, los guatemaltecos reciben dos papeletas al votar para elegir a los diputados:

- una para los representantes distritales (que corresponden a cada departamento y al distrito central),
- y otra para la lista nacional, cuyos diputados son electos mediante representación proporcional en función del total de votos a nivel nacional.

Antes de la reforma, los diputados de la lista nacional se asignaban de acuerdo con los votos obtenidos por el candidato presidencial, lo que vinculaba directamente su elección al desempeño del Ejecutivo en las urnas.

Otro cambio significativo fue la expansión del modelo de comisiones de postulación, que ahora desempeñan un papel clave en la selección de ciertos altos funcionarios. Estas comisiones elaboran nóminas para cargos como el fiscal general, el contralor general de cuentas y los magistrados de las cortes de apelaciones. Además, su rol se amplió para incluir la selección total de los magistrados de la Corte Suprema de Justicia, consolidando un mecanismo con profundo impacto en la independencia y el equilibrio de poderes en el país. Sobre este punto hablaremos de forma abundante en el capítulo 5.

Reformas de 1999 y posteriores intentos

En mayo de 1999 se sometió a consulta popular un intento de reforma constitucional aprobado previamente por el Congreso. Este buscaba modificar 50 aspectos de la Constitución, como resultado de uno de los 12 acuerdos firmados entre el gobierno de Guatemala y la Unidad Revolucionaria Nacional Guatemalteca (URNG) en el marco de los Acuerdos de Paz.

Otros intentos

Un aspecto relevante es el mecanismo de iniciativa de reforma constitucional previsto en nuestra Constitución, que permite a cinco mil ciudadanos empadronados presentar propuestas. A lo largo de los años, han destacado dos intentos usando esta vía. En noviembre de 2007, la asociación civil Guatemala Futura presentó una propuesta respaldada por 6 480 ciudadanos. Posteriormente, en abril de 2009, la asociación civil ProReforma, liderada por Manuel Ayau —empresario y fundador de la Universidad Francisco Marroquín—, presentó una iniciativa que contó con el apoyo de 73 193 ciudadanos.

La Constitución estipula que, al recibir estas iniciativas, el Congreso debe "ocuparse sin demora alguna" del asunto planteado. No obstante, en el caso de Guatemala Futura, la Comisión de Legislación y Puntos Constitucionales tardó 11 años en emitir un dictamen desfavorable, actuando únicamente después de que los promotores interpusieran un amparo ante la Corte de Constitucionalidad por la demora injustificada.

En el caso de ProReforma, la Comisión convocó audiencias públicas para escuchar las posturas de diversos sectores, pero finalmente emitió un dictamen desfavorable en 2010. Pese a ello, el Pleno del Congreso nunca conoció, discutió ni votó formalmente sobre ninguna de las dos iniciativas.

La Constitución guatemalteca permanece inalterada desde las reformas ratificadas en el plebiscito de 1994, lo que la convierte en una de las menos modificadas de la región en las últimas tres décadas. Esto se debe, en parte, a los elevados costos del proceso de reforma, que exige una mayoría calificada en el Congreso y su posterior aprobación en plebiscito. No es coincidencia que los intentos de reforma en 1993 y 1999 estuvieran vinculados a eventos trascendentales, como el Serranazo y la firma de los Acuerdos de Paz.

Aunque hubo un intento en 2017, con una propuesta de reforma constitucional promovida por la comunidad internacional en el marco de la lucha anticorrupción en materia de justicia, el esfuerzo fracasó en el Congreso debido al rechazo de la élite política.

En contraste, en países vecinos como Honduras y El Salvador es posible reformar la Constitución si dos legislaturas consecutivas aprueban la reforma con dos tercios de los votos. Cabe destacar que, en 2024, El Salvador introdujo una alternativa que permite aprobar y ratificar reformas en una sola legislatura con una mayoría de tres cuartas partes, flexibilizando aún más el proceso.

¿Artículos no reformables? ¿Reforma por vías no formales?

El profesor Yaniv Roznai ha estudiado las cláusulas "no reformables" o "pétreas" en las constituciones y señala que más de 100 países las incluyen para proteger aspectos clave de su estructura política y jurídica. Por ejemplo, la Constitución de Alemania prohíbe modificar su carácter federal y democrático; la de Brasil blinda su sistema federal y el sufragio universal; en Marruecos, no puede reformarse la monarquía como forma de gobierno; y en Turquía está protegida la naturaleza secular del Estado. Estas cláusulas, en algunos casos, también resguardan principios como la independencia judicial o símbolos nacionales, como el idioma oficial y la bandera. En esencia, buscan impedir reformas que comprometan los valores fundamentales y la estabilidad de cada sistema político.

En el caso guatemalteco, nuestra Constitución declara ciertos artículos expresamente no reformables bajo ninguna circunstancia. El artículo 281 establece que la forma republicana de gobierno, el principio de no reelección presidencial y la alternabilidad en el poder son intocables. Estas disposiciones buscan asegurar que el poder se ejerza de manera limitada y que ninguna persona pueda perpetuarse en el cargo.

Entre estos artículos destacan:

- El artículo 140, que define a Guatemala como un Estado soberano, democrático y representativo.
- El artículo 141, que reafirma que la soberanía reside en el pueblo.
- El artículo 165, inciso *g*), que faculta al Congreso a desconocer a un presidente que intente permanecer en el cargo más allá de su mandato.
- El artículo 186, que establece prohibiciones para ser presidente o vicepresidente, evitando que líderes de golpes de Estado, familiares de mandatarios en funciones o ciertos funcionarios accedan al poder.
- Y el artículo 187, que prohíbe de forma absoluta la reelección presidencial, incluso para quienes hayan ocupado el cargo de manera interina.

Ahora bien, no siempre las disposiciones pétreas se respetan. En ocasiones, las constituciones se alteran al margen de los procesos democráticos y formales, mediante interpretaciones abusivas de los tribunales. Un ejemplo emblemático es el caso de Honduras. Al igual que la Constitución guatemalteca, la hondureña prohibía de forma absoluta la reelección presidencial, declarando esta disposición como no reformable en su artículo 373.

Sin embargo, el 22 de abril de 2015, en una resolución ampliamente cuestionada, la Sala Constitucional de la Corte Suprema de Honduras declaró inconstitucional el artículo 239, que establecía esta prohibición. Esta decisión permitió la reelección de Juan Orlando Hernández, vulnerando un principio teóricamente intocable de la Constitución. Vale recordar que esta decisión estuvo precedida por la remoción irregular de magistrados en 2012, liderada por el Congreso bajo el control de Hernández, lo que consolidó su influencia sobre la Corte y allanó el camino para este grave retroceso institucional.

Este es un claro ejemplo de lo que ocurre cuando las constituciones fallan y se muestran incapaces de contener los abusos de poder. En Honduras no fue el texto lo que falló —el mandato era explícito—, sino la Corte Suprema, que reinterpretó abusivamente la norma tras haber sido cooptada por el propio presidente.

Para concluir, la Constitución de 1985 ha sido el cimiento del marco legal y político de Guatemala, estableciendo mecanismos de separación y control de poderes, así como la protección de derechos fundamentales. No obstante, los retos de su implementación y las dificultades para su reforma demuestran que tener una Constitución sólida en el papel no garantiza automáticamente su efectividad en la práctica.

Casos como la manipulación de la Corte Suprema en Honduras reflejan los peligros de una interpretación débil y la necesidad de fortalecer las instituciones encargadas de velar por el cumplimiento constitucional. En los próximos capítulos analizaremos cómo funcionan en la práctica órganos como el Congreso, el Ejecutivo, la Corte Suprema de Justicia y la Corte de Constitucionalidad, evaluando su desempeño más allá del diseño formal previsto en la Constitución.

3

El Congreso

> Las leyes son como las salchichas.
> Es mejor no ver cómo se hacen.
>
> Viejo refrán, erróneamente atribuido a Otto von Bismarck

Es momento de adentrarnos en una de las partes fundamentales de la Constitución para los propósitos de este libro: la que define la arquitectura institucional del país. Como mencionamos en el capítulo anterior, la separación de poderes y el principio de frenos y contrapesos son los pilares sobre los que se diseñó nuestro sistema democrático. Al menos en teoría. Sobre estas bases, la Constitución no solo organiza el Poder Legislativo, el Ejecutivo y el Judicial, sino que también incorpora órganos de control destinados a garantizar el equilibrio del sistema.

El Congreso es el epicentro del poder político en Guatemala. Es, en teoría, el foro donde se debaten y aprueban las leyes que rigen la vida nacional. Pero su rol va mucho más allá de legislar: fiscaliza al Ejecutivo, aprueba el presupuesto del Estado y elige a funcionarios clave, como los magistrados de la Corte Suprema de Justicia, al menos un titular y un suplente de la Corte de Constitucionalidad, el Contralor General de Cuentas y otros altos cargos que influyen de manera decisiva en el funcionamiento del Estado.

En este capítulo exploraremos cómo los diputados llegan a ocupar sus escaños, los problemas de representación derivados del sistema electoral y el funcionamiento interno del Congreso: cómo se organizan, cómo se toman las decisiones y por qué, con frecuencia, la dinámica legislativa se aleja de las expectativas ciudadanas.

Como ejemplo de esta desconexión entre ciudadanía y diputados, invito al lector a detenerse un momento: ¿podría escribir en esta página los nombres de los diputados que conoce? ¿Supera los 10? ¿Sabe quiénes representan a su departamento? ¿Podría nombrar al menos a cinco de la lista nacional?

La elección de los diputados: ¿a quién representan?

Los diputados son elegidos en elecciones generales, pero el mecanismo que define su selección no siempre garantiza una representación equilibrada.

Existen dos tipos de diputados: departamentales y de Lista Nacional. Sin embargo, la distribución de escaños entre distritos, el uso de listas cerradas y otros factores generan distorsiones que pueden impedir que el Congreso refleje fielmente la voluntad del electorado. Para comprender mejor estos problemas, explicaremos de forma sencilla cada uno de estos conceptos, evitando la complejidad técnica que suele rodear el tema.

En teoría, los ciudadanos eligen a sus representantes y pueden castigarlos en las urnas si no cumplen sus expectativas. Pero ¿qué ocurre cuando la propia estructura del sistema electoral impide que los elegidos reflejen realmente las preferencias del electorado? ¿Se parecen los representantes a los representados? ¿Comparten sus experiencias, intereses y preocupaciones?

Históricamente, el Congreso guatemalteco ha mostrado un déficit de representación real. La sobrerrepresentación de ciertos partidos debido a la desigual distribución de distritos y la exclusión de otros sectores generan una brecha con la ciudadanía. En otras palabras, los diputados no siempre reflejan la diversidad del país ni responden a las necesidades de sus electores.

El funcionamiento interno del Congreso

Salvo por algunas reglas básicas establecidas en la Constitución, el Congreso goza de autonomía para definir sus normas de organización y operación. Muchas cuestiones que preocupan a la población no están reguladas directamente en la Constitución. Por ejemplo, el número de diputados no figura en ella, sino en la Ley Electoral y de Partidos Políticos (LEPP), aunque la definición de los distritos electorales sí es un asunto constitucional.

En teoría, la estructura del Congreso busca garantizar el debate y la toma de decisiones de manera ordenada. Sin embargo, en la práctica, los intereses políticos y la dinámica interna suelen desviar el proceso legislativo de sus objetivos originales.

Sobre el papel, el proceso legislativo es claro: las iniciativas se presentan, se discuten y se votan en distintas fases. No obstante, las negociaciones políticas, los intereses de ciertos grupos y la falta de transparencia hacen que el Congreso funcione, en la realidad, de manera muy distinta a lo establecido en las normas.

A lo largo de este capítulo desglosaremos estos temas para comprender por qué el Congreso, siendo un pilar fundamental de la democracia, es también una de las instituciones más cuestionadas del país. Al final, la pregunta clave no es solo quién ocupa un escaño, sino cómo y para quién legisla.

Pero comencemos por el problema de la representación.

Eligiendo diputados al Congreso de la República

En Guatemala, los diputados son elegidos por dos vías principales: los distritos electorales y la lista nacional. El día de las elecciones, los votantes reciben cinco papeletas, de las cuales dos corresponden a la elección de diputados.

El artículo 157 de la Constitución establece que cada departamento del país constituye un distrito electoral, con una excepción: el departamento de Guatemala se divide en dos. El Distrito Central corresponde exclusivamente al municipio de Guatemala, mientras que los demás municipios del departamento conforman el Distrito de Guatemala. La Constitución también determina que el 25% de los diputados debe elegirse por lista nacional. Estos aspectos tienen rango constitucional y, por lo tanto, no pueden modificarse sin una reforma a la Carta Magna.

Todo lo demás —el número total de diputados y la asignación por distrito— lo regula la Ley Electoral y de Partidos Políticos. La reforma a esta ley en 2016 fijó de forma permanente la composición actual del Congreso: 160 diputados en total, de los cuales 128 se eligen en distritos y 32 por lista nacional.

Diputados distritales

Para el Congreso, cada ciudadano recibe dos papeletas: una con la lista nacional (que veremos más adelante) y otra con las listas de su distrito. En esta segunda, cada votante solo puede elegir a los representantes de su propio departamento. Así, un votante en Quetzaltenango, por ejemplo, vota únicamente por los diputados de ese departamento, y lo mismo ocurre en el resto del país.

Aunque en su momento la distribución de escaños se basó en criterios poblacionales, esta asignación ya no se actualiza con los censos, lo que genera distorsiones en la representación: departamentos que han ganado población siguen eligiendo el mismo número de diputados, mientras que otros con menos habitantes mantienen una representación sobredimensionada. Bajo esta fórmula, departamentos poco poblados como El Progreso eligen dos diputados, mientras que el Distrito de Guatemala elige hasta 19.

Diputados de lista nacional

La lista nacional funciona de manera distinta. A diferencia de los distritos, donde solo votan los ciudadanos de cada departamento, en la lista nacional el país entero actúa como un único distrito. Esto significa que todos los votos emitidos en cualquier parte de Guatemala contribuyen a la elección de estos diputados.

Si un diputado deja su cargo por renuncia o licencia temporal para ocupar un puesto en el Ejecutivo, su lugar es ocupado por el siguiente en la lista correspondiente, ya sea distrital o nacional. Conviene recordar que la figura de diputados suplentes fue eliminada con la reforma de 1993.

Un Congreso unicameral

Guatemala tiene un Congreso unicameral, algo común en países pequeños y centralizados. A diferencia de los sistemas bicamerales —donde una segunda cámara revisa lo aprobado por la primera—, aquí todo recae en un solo órgano. Eso puede hacer el proceso más ágil, pero también más vulnerable: sin una cámara que corrija o modere, las decisiones del Congreso dependen únicamente de su propia dinámica interna.

Y como veremos más adelante, los diputados pueden reelegirse sin límite, aunque la tasa de reelección no es precisamente alta.

El debate en 1985

Cuando se redactó la Constitución de 1985, la inclusión de la lista nacional generó un intenso debate en la Asamblea Nacional Constituyente. Sus defensores sostenían que permitiría el ingreso al Congreso de figuras con una visión de país, no atadas a intereses locales. Sus detractores, en cambio, advertían que estos diputados podrían distanciarse de las preocupaciones ciudadanas y responder más a las lógicas de partido que a las necesidades de los electores.

Inicialmente, los votos para la lista nacional no se emitían en una papeleta propia, sino que estaban atados al voto presidencial: al marcar un binomio para presidente y vicepresidente, el ciudadano respaldaba automáticamente la lista nacional de ese mismo partido. Con la reforma constitucional de 1993, eso cambió: se creó una papeleta independiente para la lista nacional, en la que cada votante elige directamente el partido de su preferencia para esos escaños. Desde entonces, el voto para presidente y el voto para la lista nacional dejaron de estar vinculados, lo que abrió la posibilidad de cruzar la elección entre distintas organizaciones políticas.

Un método proporcional

Cuando votamos por diputados, concejales municipales o representantes al Parlamento Centroamericano, los cargos no se asignan simplemente al partido con más votos. En lugar de un sistema mayoritario —donde el ganador se lo lleva todo—, Guatemala utiliza un mecanismo de representación proporcional, establecido en el artículo 203 de la Ley Electoral y de Partidos Políticos (LEPP).

Esto significa que los partidos reciben escaños en función de su votación, lo que permite que más fuerzas políticas tengan representación. Para ello se usa el método D'Hondt, un procedimiento que divide los votos de cada partido en varias rondas hasta completar los puestos disponibles. Este sistema es común en países con sistemas multipartidistas como España, Colombia, Chile o Argentina.

Ejemplo práctico

Supongamos que en un distrito se eligen tres diputados y compiten tres partidos:

- Partido A obtiene 900 votos.
- Partido B obtiene 600 votos.
- Partido C obtiene 300 votos.

El método D'Hondt consiste en dividir los votos de cada partido por 1, luego por 2, luego por 3, y así sucesivamente, hasta alcanzar el número de escaños en juego. Luego, los escaños se asignan a los valores más altos de la tabla:

CUADRO 3.1

División	Partido A	Partido B	Partido C
1	900	600	300
2	450	300	150
3	300	200	100

Los tres escaños se asignan a los valores más altos:

- Partido A: 900 (primer escaño).
- Partido B: 600 (segundo escaño).
- Partido C: 450 (tercer escaño).

Así, partido A obtiene dos diputados y partido B, uno. Partido C, al tener menos votos, se queda sin representación.

Comparación con sistemas mayoritarios

Este sistema contrasta con los sistemas mayoritarios, donde el partido más votado se lleva todo. Estados Unidos, por ejemplo, elige a sus representantes en distritos uninominales, donde cada distrito elige un solo diputado. En cada elección, los votantes saben exactamente quiénes son los candidatos, y el que obtiene más votos gana el escaño.

Este mecanismo hace que los partidos pequeños tengan muchas más dificultades para competir: si no quedan en primer lugar en un distrito, simplemente no entran al Congreso. Como resultado, los sistemas mayoritarios tienden a consolidar un bipartidismo fuerte, mientras que los sistemas proporcionales permiten la entrada de más fuerzas políticas.

El tamaño del distrito y su efecto

Sin embargo, incluso dentro de un sistema proporcional, el tamaño del distrito influye en la diversidad de la representación. En los distritos grandes, donde hay más escaños en juego, es más probable que partidos pequeños logren representación. En cambio, en distritos pequeños, el método D'Hondt tiende a favorecer a los partidos más grandes y a dificultar la entrada de los más pequeños.

Las listas cerradas y bloqueadas

Quien ha votado en Guatemala habrá notado que en la papeleta solo aparecen los símbolos de los partidos políticos y, en letra pequeña, los nombres de los candidatos en un orden específico. Esto se debe a que el sistema utiliza listas cerradas y bloqueadas, lo que significa que los votantes eligen un partido, pero no pueden modificar el orden en que aparecen los candidatos dentro de la lista.

Volviendo al ejemplo anterior: si el partido A gana dos escaños en un distrito, estos serán ocupados por los dos primeros candidatos de su lista. El tercero quedará fuera, aunque podría asumir el cargo si alguno de los electos renuncia. En la práctica, esto implica que un votante puede simpatizar con el candidato en la tercera posición, pero su voto no lo favorecerá directamente, ya que el orden lo determina el partido, no el elector.

Este sistema tiene ventajas y desventajas. Por un lado, simplifica el proceso electoral y permite aplicar el método de distribución proporcional de manera más eficiente. Por otro, limita la capacidad del ciudadano de elegir directamente a sus representantes, pues los partidos ejercen control absoluto sobre el orden en que sus candidatos acceden a los cargos.

Alternativas en otros países

Algunos países han optado por sistemas más flexibles que dan mayor peso a la voluntad del votante. Existen las listas desbloqueadas, donde los electores pueden modificar el orden de los candidatos dentro de la lista, y las listas abiertas, donde incluso pueden votar directamente por una persona en lugar de por un partido.

El Salvador, por ejemplo, también utiliza el método D'Hondt, pero dentro de un sistema de listas abiertas. Esto significa que el votante puede:

- Marcar únicamente la bandera de un partido, aceptando así el orden propuesto por este.
- Marcar hasta tantos candidatos como escaños se eligen en su departamento. En San Salvador, donde se eligen 16 diputados, el votante puede hacer hasta 16 marcas a distintos candidatos o, en su defecto, votar solo por el partido.

Si el votante elige candidatos de distintos partidos, el voto se reparte entre ellos y entre sus respectivas organizaciones. Si vota por la bandera, el voto cuenta completo para ese partido.

Si mezcla la bandera con candidatos o hace más marcas de las permitidas, el voto se anula.

Este modelo, sin embargo, introduce complejidad. En la práctica, la mayoría prefiere marcar únicamente al partido, quizá por desconocimiento o por temor a cometer errores. En las elecciones de 2024, apenas un 5.7% de los votantes salvadoreños eligió combinar candidatos de distintos partidos; la gran mayoría votó por el partido y, con ello, por el orden que este había establecido.

¿Sería viable en Guatemala?

En Guatemala, adoptar un sistema de listas abiertas o desbloqueadas sería difícil de implementar con el tamaño actual de los distritos. Podría ser más viable en distritos pequeños —como Sololá, donde se eligen solo tres diputados—, pero en circunscripciones grandes como Huehuetenango (10 diputados), el Distrito Central (19 diputados) o la lista nacional (32 diputados), permitir que el votante elija directamente a los candidatos complicaría sustancialmente tanto la emisión del voto como su escrutinio. Además, no es evidente que el votante promedio comprendería bien el funcionamiento de ese modelo.

Por ello, muchas de las discusiones de fondo sobre una eventual modificación del sistema electoral podrían requerir una reforma constitucional, como se analizará al final de este capítulo. Lo cierto es que el modelo actual contribuye poco a fortalecer la representación, especialmente si se considera la escasa democracia interna de los partidos. En la mayoría de los casos, el orden en que estos postulan a sus candidatos responde más a decisiones de la cúpula partidaria o a acuerdos financieros y políticos que a la voluntad de las bases, convirtiendo las casillas en una moneda de cambio antes que en una expresión democrática genuina.

¿Por qué hay tantos partidos políticos en Guatemala?

Muchos guatemaltecos se quejan de la cantidad de partidos políticos en el país. Más adelante dedicaremos un capítulo completo al sistema electoral y de partidos, pero por ahora basta con señalar una de las razones principales (aunque no la única): el mecanismo que utilizamos para elegir diputados.

El diseño del sistema electoral guatemalteco es producto del proceso de transición a la democracia iniciado en 1982. Con la Constitución de 1985 y la Ley Electoral y de Partidos Políticos se establecieron las reglas para elegir autoridades bajo principios republicanos y de descentralización. Como resultado, surgió un modelo híbrido que combina dos mecanismos: los distritos electorales y la lista nacional.

Como se explicó antes, el Congreso se compone de 128 diputados electos por distritos y 32 por lista nacional. Esta combinación produce efectos curiosos, incluso paradójicos, en gran parte debido a la disparidad en el tamaño de los distritos.

Un ejemplo reciente

En las elecciones de 2023, de los 5.5 millones de votos emitidos para diputados distritales, el 25% fue nulo o en blanco (en 2019 había sido el 20%). En contraste, el partido más votado, Vamos —al que pertenecía el presidente en funciones, Alejandro Giammattei— obtuvo apenas el 15% de los votos. Dicho de otro modo: los votos de rechazo al sistema superaron a los del partido con mayor respaldo.

Con ese 15% de votos válidos (excluyendo nulos y blancos), Vamos logró el 25% de los escaños distritales. Esto se explica por el diseño del sistema. En distritos pequeños, donde se eligen tres o cuatro diputados, los partidos grandes tienen ventaja: basta con una fracción del voto para asegurar un escaño. En cambio, en distritos grandes —como el Distrito Central (11 diputados) o Guatemala (19 diputados)— la representación tiende a ser más proporcional y abre espacio a partidos pequeños.

Un caso ilustrativo fue el de Sacatepéquez, un distrito con solo tres diputados. En 2023, el partido Semilla obtuvo el 19.4% de los votos, pero se quedó con dos de los tres escaños (el 66% de la representación). Esto ocurre porque en distritos pequeños la fórmula de reparto (método D'Hondt) infla la representación de los partidos más votados y deja fuera a otros que, en un distrito más grande, habrían conseguido representación.

Más partidos, menos acuerdos

A lo largo de los años, el Congreso de Guatemala se ha vuelto cada vez más fragmentado. En 1985 había solo siete partidos representados en el Legislativo; para 2023, la cifra llegó a 17. Pero el problema no es únicamente la cantidad: cada vez resulta más difícil alcanzar acuerdos.

Para medir este fenómeno, los politólogos utilizan el Número Efectivo de Partidos (NEP), que no solo cuenta cuántos partidos hay, sino cuántos realmente pesan en la toma de decisiones. En 1985, aunque había siete partidos en el Congreso, en términos prácticos las decisiones giraban en torno a unos tres partidos principales, e incluso el partido de gobierno tenía mayoría absoluta para aprobar leyes.

En 2023, en cambio, los 17 partidos con representación dieron como resultado un NEP cercano a siete, es decir, al menos siete bloques relevantes compiten hoy por influencia en la política nacional.

GRÁFICA 3.1
Evolución del número de partidos y el NEP *(1985-2023)*

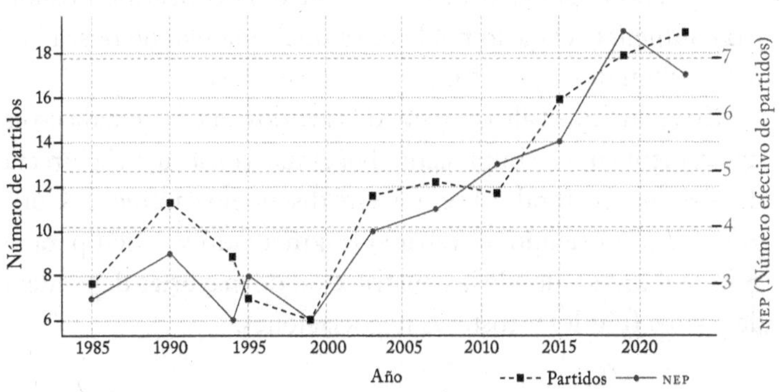

Fuente: elaboración del autor con datos del Tribunal Supremo Electoral.

Esto significa que el Congreso no solo tiene más partidos, sino que además se ha vuelto mucho más difícil formar mayorías. Antes, con unos pocos acuerdos entre bloques principales, era posible aprobar una ley o tomar decisiones clave. Hoy, en la legislatura 2024-2028, la fragmentación ha llegado a tal punto que se ha requerido la colaboración de al menos 12 partidos distintos para alcanzar mayorías en las votaciones más importantes.

La dificultad no proviene únicamente del número de partidos, sino también de las divisiones internas dentro de ellos. Aunque en la actualidad los diputados no pueden cambiar oficialmente de partido —como explicaremos más adelante al hablar de transfuguismo—, los bloques legislativos suelen fracturarse en facciones con intereses diferentes. En la práctica, un mismo partido puede contener varios grupos en pugna, lo que complica aún más la construcción de consensos.

Una de las consecuencias más visibles de esta fragmentación se refleja en la aprobación del presupuesto nacional. Cuando hay tantos partidos y facciones, el Ejecutivo debe negociar con múltiples actores para conseguir los votos necesarios. Y la moneda de cambio más habitual en esas negociaciones es la asignación de fondos para obras en los distritos de los diputados. Esto explica, al menos en parte, la constante presión para aumentar el gasto público, ya que cada bloque busca beneficios tangibles para sus bases o territorios.

En resumen, el alto número de partidos en Guatemala no es un accidente ni un simple capricho: es una consecuencia directa del sistema electoral. Mientras este diseño no cambie, el Congreso seguirá siendo un espacio fragmentado y difícil para la gobernabilidad, donde la construcción de mayorías dependerá de pactos frágiles y costosas negociaciones.

¿Cómo sabemos que el sistema es desproporcionado?

La lógica es sencilla: si un partido obtiene el 20% de los votos, lo justo sería que tenga aproximadamente el 20% de los escaños. Cuando esa relación se rompe —cuando el porcentaje de curules no refleja el porcentaje de votos— decimos que el sistema es desproporcionado.

Los politólogos han desarrollado distintos indicadores para medir qué tan justa o distorsionada es la representación. Todos parten de la misma idea: comparar votos con escaños.

En Guatemala, los distritos pequeños suelen ser los más desproporcionados. Sacatepéquez, por ejemplo, elige únicamente tres diputados. En las elecciones de 2023, el partido Semilla obtuvo 22 570 votos (19.4% del total), pero logró quedarse con dos de los tres escaños, es decir, el 66% de la representación. Algo similar ocurrió en Sololá, que elige tres diputados, donde Vamos obtuvo cerca del 28% de los votos válidos. Sin embargo, ese resultado le permitió quedarse con dos de los tres escaños disponibles, es decir, el 66% de la representación del departamento. El resto de partidos, con más del 70% de los votos combinados, apenas alcanzó un escaño. Es un ejemplo claro de cómo en distritos pequeños los partidos grandes se ven sobrerrepresentados. Estos casos reflejan los índices de desproporcionalidad más altos del país.

En contraste, los distritos grandes, como Huehuetenango (10 diputados) o el Departamento de Guatemala (19 diputados), tienden a mostrar una representación más equilibrada, ya que la diferencia entre votos obtenidos y escaños adjudicados es mucho menor.

El caso de la lista nacional es distinto: aquí la relación entre votos y escaños es más proporcional. Sin embargo, este mecanismo tiene un efecto adicional: facilita la fragmentación del Congreso. En 2023, 15 de los 17 partidos representados en el Legislativo consiguieron al menos un escaño gracias a la lista nacional.

Un factor clave es que en Guatemala no existe un umbral electoral previo —un porcentaje mínimo de votos requerido para acceder al Congreso—. De hecho, el último escaño de la lista nacional en 2023 se obtuvo con apenas 2.28% de los votos. Eso sí: la Ley Electoral establece un filtro posterior. Un partido que no alcance al menos 5% de los votos válidos en la elección presidencial o que no consiga al menos un escaño legislativo, pierde su inscripción y desaparece. Aunque esta regla no corrige la desproporcionalidad en el Congreso, sí funciona como un mecanismo de depuración formal del sistema.

Este diseño no es casual. Como ha analizado el politólogo Phillip Chicola en *El sistema electoral guatemalteco*, la transición democrática de los años ochenta moldeó las reglas actuales, creando un sistema que favorece a los partidos grandes en distritos pequeños.

Además, tras la reforma electoral de 2016, el número de diputados por distrito quedó fijado, sin actualizarse conforme al crecimiento poblacional. Esto ha generado distorsiones: departamentos como Petén o Alta Verapaz están subrepresentados, mientras que los distritos Central y Guatemala tienen más peso del que deberían.

En definitiva, la proliferación de partidos en Guatemala no es únicamente fruto de la coyuntura política, sino también del diseño institucional. Distritos pequeños tienden a inflar la representación de los partidos grandes; distritos grandes permiten mayor diversidad y proporcionalidad, y la lista nacional asegura la supervivencia de partidos pequeños. Estas reglas combinadas son determinantes en la configuración del mapa político nacional.

Del transfuguismo al dominio de los caudillos de los partidos

Las reglas para pertenecer a un bloque legislativo cambiaron en 2016, como parte de las reformas impulsadas tras las protestas de 2015, originadas por el caso La Línea, que provocó la renuncia del expresidente Otto Pérez Molina y de la exvicepresidenta Roxana Baldetti. La presión ciudadana en ese contexto abrió la puerta a una reforma electoral que buscaba mejorar la transparencia y el funcionamiento político. Entre las medidas aprobadas con la instalación de la legislatura 2016-2020, una de las más relevantes fue la prohibición del transfuguismo.

El transfuguismo antes de 2016

Hasta entonces, los diputados podían abandonar el bloque legislativo con el que habían sido electos para unirse a otro, o incluso formar bloques nuevos. Esto provocaba constantes reconfiguraciones políticas en el Congreso. La práctica era tan común que se decía que algunos diputados cambiaban de partido con la misma frecuencia con la que cambiaban de zapatos.

Un caso emblemático fue el del exdiputado Juan Manuel Giordano, quien entre 2012 y 2014 pasó por al menos cinco bloques legislativos distintos. Y no fue el único: en la legislatura

2012-2016, la última en la que se permitió el transfuguismo, el 68% de los diputados cambió de bloque en algún momento.

La reforma y sus límites

La reforma de 2016 cerró la puerta a esta práctica: desde entonces, un diputado que renuncia a su partido solo puede permanecer en el Congreso como independiente, sin posibilidad de unirse a otro bloque. No obstante, la Corte de Constitucionalidad aclaró que esta restricción no impide que un diputado se postule en elecciones siguientes con un partido distinto. En otras palabras, un legislador puede ser elegido por el partido A, pero competir en la siguiente elección con el partido B; lo que no puede hacer es cambiar de bloque mientras está en funciones.

Además, los diputados pueden renunciar al bloque con el que fueron electos o ser expulsados por su partido. En ambos casos pasan a ser considerados "independientes", una categoría que, como veremos más adelante, acarrea varias desventajas.

Expectativas y realidades

Muchos esperaban que prohibir el transfuguismo ayudaría a fortalecer los partidos políticos. En teoría, permitirlo debilitaba la disciplina partidaria; en la práctica, su prohibición tampoco logró consolidarlos. La explicación radica en el diseño del sistema electoral guatemalteco, que es poco representativo y no genera incentivos para la construcción de partidos sólidos.

Por otro lado, los votantes tampoco tienen una relación clara con sus diputados. En general, desconocen cómo funciona el mecanismo de elección y carecen de herramientas para premiar o castigar a los legisladores en las urnas. No sorprende que menos de la mitad de los congresistas logre reelegirse.

Sin embargo, esta baja tasa de reelección no parece deberse a un castigo directo al desempeño del diputado, sino más

Gráfica 3.2

Reelección de diputados en Guatemala

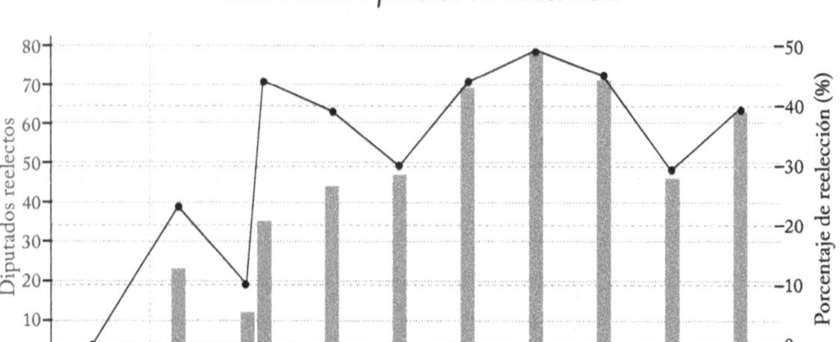

Fuente: elaboración del autor con datos del Tribunal Supremo Electoral.

bien a la desconexión entre votantes y partidos. En realidad, la mayoría de los guatemaltecos vota por los diputados de la misma manera que vota por presidente. En las elecciones de 2023, nueve de cada 10 votos para diputados distritales pueden explicarse en función del voto presidencial; la proporción fue similar en la lista nacional.

Esto significa que *la reelección de un diputado depende más de la popularidad del candidato presidencial de su partido que de su propio trabajo en el Congreso.* Por ello, todos los partidos que en 2023 no presentaron un candidato presidencial —ya fuera por decisión propia o porque su inscripción fue rechazada— quedaron sin representación legislativa.

Este fenómeno explica también por qué muchos diputados buscan unirse a otros partidos con mayores probabilidades de éxito electoral. Aunque la ley les prohíbe cambiar de bloque durante el periodo legislativo, sí pueden buscar la reelección bajo otra bandera. En las elecciones de 2023, 64 de los 124 diputados que intentaron reelegirse lo hicieron con un partido distinto al que los había llevado originalmente al Congreso.

Los únicos casos en que los votos populares para diputados no se alinearon con el voto presidencial se dieron en distritos donde había candidatos locales con alta popularidad, como ocurrió en Chiquimula y Jutiapa.

El funcionamiento del Congreso: ¿cómo se aprueban las leyes?

Cuando pensamos en el Congreso, es común imaginar el hemiciclo lleno de diputados debatiendo apasionadamente y aprobando leyes en sesión plenaria. Sin embargo, la labor legislativa va mucho más allá de esas imágenes televisivas. En 2024, por ejemplo, se presentaron 159 iniciativas ante la Dirección Legislativa, pero el Congreso aprobó apenas 36 leyes (formalmente, decretos legislativos). Esta brecha revela que el proceso de producción legislativa es más complejo de lo que parece.

Lo más revelador, sin embargo, no es solo cuántas leyes se aprobaron, sino cuándo fueron presentadas las iniciativas que les dieron origen. De esas 36 leyes aprobadas, únicamente 13 provenían de propuestas ingresadas ese mismo año. Según datos recopilados por Congreso Eficiente, que realiza un monitoreo detallado de la actividad legislativa, el resto venía de años anteriores: 15 fueron presentadas entre 2020 y 2023 y, aún más llamativo, 10 se habían introducido entre 2013 y 2019. Dicho de otra forma: *más de una cuarta parte de las leyes aprobadas en 2024 llevaba al menos cinco años esperando turno.* Algunas incluso habían pasado más de una década durmiendo en los archivos.

Los órganos que estructuran el trabajo legislativo

El Congreso opera a través de varios órganos que le dan forma a su funcionamiento. En teoría, estos están diseñados para permitir el análisis, la discusión y, eventualmente, la votación de las propuestas en el Pleno.

- El Pleno es el órgano supremo, integrado por los 160 diputados. Aunque rara vez asisten todos, el *quorum* ordinario es de 81 diputados (la mitad más uno). Algunas decisiones, sin embargo, requieren mayoría calificada: 107 votos.
- La Junta Directiva organiza y dirige las sesiones.
- La Comisión Permanente asume funciones durante los recesos parlamentarios.
- Las Comisiones de Trabajo estudian y dictaminan sobre las iniciativas de ley y fiscalizan sobre temas relacionados con su materia.
- La Junta de Jefes de Bloque, integrada por los líderes y sublíderes de cada partido, propone semanalmente la agenda que se discutirá en las sesiones.

Todos estos espacios —el Pleno, la Junta Directiva, la Comisión Permanente, las Comisiones de Trabajo y la Junta de Jefes de Bloque— son fundamentales para entender cómo se aprueban (o se frenan) las leyes. De manera simplificada, el proceso legislativo sigue los pasos siguientes:

1. **Presentación de la iniciativa:** un diputado, el Ejecutivo u otro actor autorizado presenta una propuesta de ley.
2. **Asignación a comisión:** el Pleno decide a qué comisión o comisiones se remitirá el proyecto para su estudio.
3. **Dictamen de comisión:** la comisión analiza el texto y emite un dictamen: puede ser favorable, favorable con modificaciones o desfavorable.

    - En teoría, las comisiones deberían evaluar a fondo la viabilidad técnica, financiera y jurídica de cada iniciativa, anticipar sus efectos y riesgos y recomendar si conviene avanzar.

- Para ello, el Congreso cuenta con la Dirección de Estudios e Investigación Legislativa, que debería asesorar jurídicamente, proyectar impactos financieros y garantizar que las leyes no choquen con otras normas.
- En la práctica, sin embargo, esta dirección está débilmente equipada y rara vez se consulta.

Los datos lo confirman: de las 38 iniciativas que dieron origen a las 36 leyes aprobadas en 2024, solo cinco incluyeron estudios técnicos, cinco algún análisis financiero y siete presentaban justificación formal. La mayoría avanzó sin respaldo serio más allá del texto propuesto. Lo que debería ser un análisis profundo termina convertido en un trámite superficial.

4. **Debate en el Pleno:** si el dictamen es favorable, la iniciativa pasa a la agenda del Pleno y debe discutirse en tres sesiones celebradas en días distintos.

    - En la práctica, las dos primeras lecturas o debates suelen ser meramente formales, sin debate real.
    - Es en la tercera sesión cuando se vota el dictamen y se pasa a la discusión por artículos, etapa clave porque allí pueden introducirse enmiendas.
    - Discusión por artículos: estas modificaciones suelen ser decisivas: algunas mejoran la propuesta, otras la distorsionan por completo para asegurar votos

5. **Votación final**: toda gira en torno a los números: la regla general es que se necesitan 81 votos de 160 (mayoría absoluta) para aprobar una ley. Solo en casos específicos, como reformas a leyes de rango constitucional (por ejemplo, la Ley Electoral y de Partidos Políticos) o normas que regulan a entes autónomos como el Ministerio

Público, la Constitución exige una mayoría calificada de 107 votos de 160.

El control de la agenda: el verdadero filtro

Antes de que una iniciativa llegue al debate del Pleno, debe pasar por un filtro decisivo: la Junta de Jefes de Bloque.

Este órgano está integrado por todos los jefes y subjefes de las bancadas representadas en el Congreso. Su función principal es aprobar el proyecto de agenda semanal, es decir, decidir qué temas se discutirán en las sesiones plenarias.

Esto le otorga un poder enorme:

- Si una iniciativa no entra en el orden del día, en la práctica no existe. Puede haber sido dictaminada favorablemente en comisión, pero si nunca aparece en la agenda, no llegará a discutirse ni votarse.
- Por eso, muchos proyectos de ley se quedan "congelados" indefinidamente, atrapados en la etapa de agenda.

Las decisiones dentro de la Junta de Jefes de Bloque se toman por mayoría de bloques, no de diputados. Esto significa que, aunque un partido tenga más escaños, cada bloque cuenta solo como un voto en la Junta. En la legislatura 2024-2028, donde existen 17 bloques distintos, se necesita articular acuerdos entre varias bancadas para que un tema avance.

Aquí entran en juego las matemáticas y las negociaciones políticas. Alcanzar esa mayoría obliga a pactos entre fuerzas con intereses distintos, y muchas veces estas negociaciones son poco transparentes. Es en este punto donde las iniciativas suelen cambiar de manera radical: se introducen enmiendas, se ajustan artículos o se reescriben partes del texto original para conseguir el respaldo suficiente.

En resumen:

- El Pleno vota las leyes, pero la Junta de Jefes de Bloque decide qué llega al Pleno.
- Su control sobre la agenda convierte a este órgano en un filtro político estratégico, cuya dinámica explica por qué muchas iniciativas se transforman —o se entierran— antes de llegar a discutirse públicamente.

Del caballo al camello

Hay un dicho que dice que un camello es un caballo diseñado por un comité. En el Congreso sucede algo parecido: una iniciativa de ley a veces empieza con una forma más o menos clara —o al menos presentable—, pero tras pasar por comisiones, negociaciones y enmiendas, termina convertida en otra cosa. Ese proceso no siempre mejora el contenido; muchas veces lo enreda, lo desfigura o lo llena de concesiones. Lo que comenzó como caballo, termina como camello.

En otras palabras, el proceso legislativo no gira únicamente en torno a las reglas formales. También influyen dinámicas internas de poder, juegos de mayorías y el control de la agenda. Aprobar una ley no depende solo del mérito técnico o del respaldo ciudadano. Es una carrera de obstáculos políticos, donde cada paso exige negociaciones, alianzas y estrategias entre los mismos diputados. Por eso, para entender cómo se crean las leyes, resulta igual de importante conocer las reglas informales como las formales.

Un buen ejemplo es la Ley de Aceptación de Cargos, aprobada en noviembre de 2019. Esta ley permitía que una persona acusada aceptara su culpabilidad a cambio de recibir una reducción en su condena. La idea original de la Corte Suprema de Justicia era sencilla: agilizar los juicios, reducir la carga de trabajo en los tribunales y asegurar que las víctimas obtuvieran reparación más rápido.

El problema fue cómo la modificó el Congreso. La Comisión de Legislación y Puntos Constitucionales la aprobó sin mayor discusión, el Pleno la votó en tres lecturas casi sin debate real y, durante la discusión por artículos, los diputados introdujeron cinco enmiendas que cambiaron por completo el sentido de la ley.

Dos de los cambios más importantes fueron:

1. **Eliminar la obligación de colaborar en otros casos.** En la propuesta original, alguien que aceptaba cargos debía también aportar información o testimonio en procesos relacionados. Ese requisito desapareció.
2. **Permitir que la condena reducida se pagara como multa en lugar de cárcel.** La versión inicial establecía que, si alguien recibía una rebaja —por ejemplo, de ocho a cuatro años de prisión—, debía cumplir esos cuatro años en prisión. Pero con la enmienda, se abrió la puerta a que esas condenas reducidas pudieran "conmutarse", es decir, pagarse con dinero en lugar de cumplir tiempo en la cárcel.

En la práctica, esto significó que delitos graves que merecían hasta ocho años de cárcel terminaron convertidos en simples multas. Y no multas muy altas: la ley permitió que fueran de hasta 100 quetzales diarios. El resultado fue evidente: decenas de políticos y funcionarios señalados por corrupción usaron esta vía para evitar la cárcel. Pagaron, firmaron y quedaron libres.

Este caso revela algo importante: el procedimiento formal para aprobar leyes en Guatemala —con sus lecturas, debates y enmiendas— casi nunca refleja el verdadero lugar donde se define el contenido de una norma. La discusión pública en el Pleno suele funcionar más como una coreografía: cuando la

Ley de Aceptación de Cargos llegó a su fase final, los diputados ya habían cerrado los acuerdos. Las enmiendas se aprobaron sin deliberación real, dentro de los márgenes legales que permiten cambios de última hora (en la discusión por artículos) sin devolver el proyecto a comisión. En apariencia, se cumplió con el proceso; en la práctica, no hubo un debate público genuino.

El diseño institucional facilita estos giros silenciosos porque, más allá de las reglas escritas, el poder real se ejerce en negociaciones fuera de cámaras, acuerdos cerrados entre diputados y decisiones que se toman lejos del micrófono. Muchas leyes no se distorsionan en el hemiciclo: ya llegan deformadas por pactos que la ciudadanía nunca ve.

Aun así, hoy los ciudadanos pueden observar más que antes. Desde 2011, tras una reforma a la Ley Orgánica del Congreso, cada voto debe registrarse en el tablero electrónico y queda publicado en línea. El portal del Congreso, aunque imperfecto, ofrece acceso a iniciativas, decretos y actas, y las sesiones plenarias se transmiten en vivo por internet y TV y pueden revisarse en diferido. Al menos en lo formal, cualquier persona puede asomarse a ver cómo —y cuándo— trabajan sus representantes.

Conviene recordar lo que había antes. En 2001 estalló un escándalo monumental: el Congreso aprobó un impuesto a las bebidas (Decreto 43-2000), pero al publicarse en el *Diario Oficial*… ¡la tabla de impuestos era distinta a la votada por el Congreso! El episodio, bautizado como *Guarogate*, mostró la crudeza del sistema: la Junta Directiva alegó que las actas taquigráficas de la sesión donde se aprobó esta ley se habían "perdido" y que las grabaciones de la sesión se habían "borrado por error".

Como si fuera poco, los miembros de la misma Junta, directamente implicados en la manipulación, se negaron a renunciar incluso después de perder la inmunidad. La respuesta fue aún más escandalosa: el Congreso —controlado entonces por el FRG de Efraín Ríos Montt— reformó su propia Ley Orgánica para que la pérdida de inmunidad no obligara automáticamente a los integrantes de la Junta Directiva a dejar sus cargos. En la práctica, se cambiaron las reglas para proteger a quienes estaban en el poder.

Por eso, aunque hoy la transparencia parlamentaria sea imperfecta, el simple hecho de que las sesiones se transmitan en vivo y los votos estén disponibles en línea no es poca cosa. De hecho, en los últimos años, varias decisiones del Congreso han provocado una reacción ciudadana tan fuerte que los diputados se han visto obligados a dar marcha atrás más de una vez.

Pasó en 2017, cuando intentaron reformar el Código Penal para darse a sí mismos un escudo frente a delitos de corrupción (aunque, como ya vimos, en 2019 lograron algo parecido con la Ley de Aceptación de Cargos). Pasó también en 2020, con el presupuesto para 2021, retirado tras las protestas masivas que incendiaron literalmente parte del Congreso. Y volvió a pasar en 2022, cuando la llamada ley contra la ciberdelincuencia fue frenada por la presión social debido a los riesgos que suponía para la libertad de expresión.

Los partidos políticos en el Congreso

En los últimos años, el funcionamiento del Congreso se ha vuelto cada vez más caótico, en buena medida por la fragmentación política. A esto se sumó un efecto directo de la reforma electoral de 2016: al prohibir que los diputados cambien de bloque legislativo durante su periodo, se les dejó con pocas opciones en caso de conflicto con su partido. Si un legislador renuncia o es expulsado, pierde prácticamente toda su capacidad de incidencia: no puede presidir comisiones, no puede integrar la Junta Directiva y, en consecuencia, queda fuera de la Junta de Jefes de Bloque.

Esto ha generado un fenómeno perverso. Como los diputados no pueden abandonar su bloque sin quedar marginados, las cúpulas partidarias han encontrado otra vía: la expulsión. Al echar a un legislador de sus filas, lo relegan a la condición de independiente, lo que en la práctica lo convierte en un diputado de "segunda clase", sin acceso a los espacios donde realmente se toman decisiones.

En la IX Legislatura (2020-2024) y en la X (2024-2028), los conflictos derivados de este diseño institucional se han multiplicado. Las expulsiones rara vez responden a razones ideológicas; más bien son cálculos políticos para debilitar voces incómodas y reforzar el control de las cúpulas sobre la agenda. El resultado es un Congreso aún más fragmentado y más dependiente de las negociaciones entre élites partidarias.

Como se desarrollará en el capítulo correspondiente, los partidos políticos en Guatemala suelen funcionar como feudos de caudillos o pequeñas cúpulas. Los procesos de expulsión de diputados, en la práctica, se parecen más a juicios sumarios. Aunque cada partido tiene sus propios estatutos, todos replican una estructura básica dictada por la Ley Electoral: el Tribunal de Honor decreta la expulsión de forma rápida y, si hay apelación, el Comité Ejecutivo —controlado por la dirigencia— confirma la decisión. En cuestión de días o semanas, un diputado puede quedar fuera. Hay excepciones con estructuras internas más sólidas, pero no son la norma.

Por otro lado, la regulación interna del Congreso da a la Junta Directiva un amplio margen de discrecionalidad: puede ejecutar una expulsión de inmediato o dejarla en suspenso por años. En enero de 2021, por ejemplo, el partido FCN expulsó a dos diputados de Alta Verapaz, pero la Junta Directiva no actuó durante más de dos años. Solo en mayo de 2023, la Corte de Constitucionalidad ordenó reconocerlos como independientes.

En la práctica, la ejecución de las expulsiones se ha convertido en un arma política: si el diputado es cercano a la mayoría parlamentaria, la Junta Directiva puede posponer su exclusión; si es opositor, actúa con rapidez. En 2024 y 2025, por ejemplo, la Corte de Constitucionalidad debió intervenir para forzar a la Junta Directiva a reconocer expulsiones en los bloques Nosotros, Viva y vos.

La reforma de 2016 también dejó claro que los cargos en la Junta Directiva pertenecen al partido. Si el primer secretario es de un bloque y renuncia o es expulsado, pierde automáticamente el cargo, y el partido tiene derecho a proponer a su reemplazo. La Junta Directiva está formada por nueve miembros (el presidente, tres vicepresidentes y cinco secretarios), y su integración refleja la correlación de fuerzas entre los bloques legislativos.

Aunque la intención de la reforma era fortalecer a los partidos, el efecto real fue desplazar el poder de negociación desde los diputados hacia las cúpulas partidarias. Los legisladores tienen fuertes incentivos para mantenerse dentro de su bloque y acatar las directrices de la dirigencia, para no convertirse en diputados de segunda categoría. Esta dinámica solo cambia hacia el cuarto año de legislatura, cuando los incentivos empiezan a girar en torno a la reelección. En ese momento, muchos suelen desmarcarse de la línea del partido.

Eso sí: la reforma no prohíbe que un diputado electo por un partido busque la reelección con otro distinto. De hecho, el 40% de los diputados de la IX Legislatura (2020-2024) intentó reelegirse bajo siglas diferentes a las que los llevaron originalmente al Congreso.

El rol de fiscalización: del dicho al hecho

La Constitución de 1985 buscó darle al Congreso más herramientas para equilibrar al Ejecutivo, tradicionalmente el órgano más poderoso. En el artículo 168, los constituyentes establecieron lo siguiente: "Los ministros de Estado podrán asistir y tomar parte con voz, en las sesiones del Congreso de la República, así como de sus comisiones, cuando sean invitados y se traten asuntos relacionados con su ramo. Podrán hacerse representar por sus viceministros. Todos los funcionarios y empleados públicos están obligados a acudir e informar al Congreso, cuando éste, o sus comisiones lo considere necesario".

Durante la discusión en la Comisión de los Treinta y en el Pleno de la Constituyente, las posturas fueron variadas. Algunos diputados eran optimistas: creían que la presencia de los ministros generaría debates más informados y facilitaría la coordinación entre Congreso y Ejecutivo. Otros incluso lo vieron como un acercamiento al parlamentarismo, como lo expresó Jorge Skinner-Klée: "Queremos que los ministros ocupen las bancas azules".

Pero también hubo advertencias. Varios constituyentes temían que esta apertura permitiera al Ejecutivo influir directamente en el Congreso, enviando ministros a presionar diputados bajo el pretexto de una "invitación". Se señaló además que, si no se regulaba con precisión, los ministros podrían presentarse por iniciativa propia, debilitando la separación de poderes.

Con el tiempo quedó claro que lo más relevante del artículo no era la "invitación" a ministros, sino la obligación de todos los funcionarios de acudir al Congreso cuando fueran citados. La reforma constitucional de 1994 amplió aún más esta facultad: ya no solo podían citar las comisiones de trabajo, sino también los bloques legislativos.

El resultado es un poder de fiscalización muy amplio. Hoy el Congreso cuenta con 38 comisiones ordinarias y, en la legislatura 2024-2028, con 17 bloques legislativos. Eso significa decenas de espacios con capacidad de citar funcionarios. Los constituyentes de 1985 difícilmente imaginaron que en 2024 se realizarían 1 578 citaciones en un solo año: si se dividen entre

250 días hábiles, son más de seis citaciones por día. Algunos funcionarios son convocados varias veces a la semana y hasta por distintos bloques el mismo día.

La irrupción de las redes sociales añadió un ingrediente inesperado. Muchas citaciones se han convertido en montajes mediáticos: un diputado increpa a un funcionario frente a las cámaras, y el video circula después en redes. No siempre se busca un control político efectivo; con frecuencia se trata de exposición pública. No es exclusivo de Guatemala, pero sí es peculiar lo sencillo que resulta citar a cualquier funcionario, sobre casi cualquier tema, sin requisitos previos, mayorías ni filtros. Esto no deriva de la Constitución, sino de la Ley Orgánica del Organismo Legislativo, que no establece parámetros mínimos.

En este contexto, a finales de 2021 el presidente Alejandro Giammattei pidió a la Corte de Constitucionalidad que fijara ciertos límites. La Corte no eliminó la facultad de fiscalización, pero sí impuso criterios básicos:

- La citación debe estar vinculada a las funciones del funcionario y al ámbito de la comisión convocante.
- Si las preguntas se desvían, el funcionario puede solicitar que se reformulen y, si no se corrigen, abstenerse de responder.
- Una comisión solo puede citar si tiene *quorum* (presidente o vicepresidente más al menos el 25% de sus miembros). De lo contrario, el funcionario puede retirarse sin consecuencias.

Fue, en su momento, una pequeña victoria para Giammattei, porque lograba cerrar algunos espacios al Congreso.

En la práctica, la línea entre fiscalizar y entorpecer es delgada. El diseño actual permite que algunos diputados usen las citaciones como mecanismos de presión: para obtener favores, colocar personal o empujar intereses particulares. Esto obliga a reflexionar:

- ¿Tiene sentido que bloques con apenas dos o tres diputados puedan citar a funcionarios?
- ¿Cuánto del problema radica en la Ley Orgánica del Congreso, que deja tanta discrecionalidad?

La realidad es que muchas citaciones no generan resultados concretos. Rara vez se traducen en informes, rutas de acción o medidas de seguimiento. Incluso cuando se solicita información pública, muchos bloques carecen de registros sistematizados sobre lo que lograron con esas citaciones. En no pocos casos, se reducen a maniobras políticas para agendas personales.

Claro que hay excepciones: algunas citaciones sí han revelado hechos importantes y funcionado como auténticos mecanismos de control. Pero en el balance general, son la minoría. La mayoría sigue llenando agendas… y canales de YouTube.

El poder de aprobar el presupuesto

Si el Congreso es el corazón del sistema político, el presupuesto es la sangre que da vida a todas las instituciones del Estado. Cada año, los diputados deciden cuánto y cómo se recauda, y en qué se gasta el dinero público. No es solo un asunto técnico ni de cifras: es un ejercicio de poder. Quien controla el presupuesto controla prioridades, reparte recursos y define el rumbo del país. Por eso se dice, con razón, que el Congreso no solo hace leyes, sino que también dibuja el mapa político de cada ejercicio fiscal.

En teoría, el Ejecutivo envía al Congreso un proyecto de presupuesto, pero como cualquier otra iniciativa debe recorrer el proceso legislativo ordinario. La primera parada —y una de las comisiones más influyentes— es la Comisión de Finanzas y Moneda, donde cada año el proyecto puede sufrir una verdadera cirugía mayor.

Los diputados distritales suelen tener un incentivo claro: asegurar recursos para sus departamentos. Hasta ahí, nada cuestionable. El problema surge cuando algunos encuentran formas de sortear una prohibición constitucional muy explícita: no se puede ser diputado y contratista del Estado al mismo tiempo. En la práctica, varios evaden esta restricción dejando de figurar como representantes legales de las empresas, aunque sigan beneficiándose de ellas. El trasfondo es claro: no son pocos los diputados con intereses directos o indirectos en constructoras de obra pública, y sus gestiones presupuestarias suelen dirigirse a garantizar proyectos que las favorezcan.

En otros casos, la lógica no pasa por contratos propios, sino por beneficiar a terceros: organizaciones no gubernamentales o empresas vinculadas a financistas de campaña. El mecanismo es el mismo: quien invirtió en un diputado espera obtener retorno a través del presupuesto. Por eso, uno de los grandes pendientes en materia de transparencia es exigir que las empresas contratistas revelen a sus beneficiarios finales. Esa información permitiría fiscalizar mejor y limitar el uso político del gasto.

El presupuesto, en consecuencia, no solo refleja las prioridades del Ejecutivo, sino también las dinámicas internas del Congreso: alianzas, presiones y cálculos de supervivencia política. El procedimiento formal está claro —proyecto del Ejecutivo, dictamen de comisión, aprobación en el Pleno—, pero en la práctica lo que pesa son los incentivos de los diputados: asegurar fondos para su distrito, sus bases o sus aliados. El interés general suele quedar relegado frente a la necesidad de mostrar resultados visibles, alimentar redes de lealtad y acumular capital político, aunque ello implique inflar el gasto público.

Un ejemplo clave de cómo se canalizan estos recursos con fines políticos es el sistema de Consejos de Desarrollo. Esta figura surge con la Constitución de 1985, como parte del esfuerzo por descentralizar el Estado, y se consolidó con el Decreto 11-2002. A diferencia de los fondos que se transfieren automáticamente a las municipalidades con base en fórmulas legales, los recursos asignados a los Consejos son mucho más flexibles y, por lo mismo, más útiles para la negociación. El Ejecutivo puede usarlos para favorecer a aliados, premiar la lealtad de diputados o castigar a quienes se oponen. Aunque formalmente se ejecutan a través de las alcaldías, los legisladores del distrito suelen incidir informalmente en qué obras se priorizan e incluso, no ha sido extraño, qué empresas las realizan. En la práctica, más dinero para los Consejos significa más margen de maniobra política.

Como explicamos al hablar de la fragmentación legislativa, en un Congreso donde ningún partido alcanza la mayoría por sí solo, el oficialismo necesita tejer alianzas con piezas dispersas. Esa necesidad convierte al presupuesto en la principal moneda de negociación. Los votos rara vez se obtienen con argumentos técnicos: se aseguran con compromisos. Obras, partidas y asignaciones se convierten en el lenguaje de los acuerdos. Y mientras más votos necesita el Ejecutivo, más crece el gasto. Mientras más bloques deben ser complacidos, más intereses terminan integrándose al presupuesto.

En este contexto, el politólogo Mario Yon ha advertido en *Oficialismos bajos, presupuestos altos* que el aumento sostenido del gasto público en los últimos años no puede entenderse sin considerar la debilidad numérica de los gobiernos recientes. Según su planteamiento, los "oficialismos bajos" —es decir, administraciones con bancadas pequeñas— no solo enfrentan más obstáculos para gobernar, sino que terminan cediendo espacio fiscal a cambio de construir mayorías. El presupuesto, en ese sentido, se convierte en el precio de la gobernabilidad.

El problema es que esta dinámica distorsiona las prioridades. El presupuesto no crece necesariamente porque lo demanden las necesidades del país o porque exista un plan de política pública coherente, sino porque así lo exige la lógica de reparto que sostiene a las alianzas. Las prioridades técnicas ceden ante la práctica del "voto por asignación". Lo más preocupante no es únicamente el tamaño del gasto, sino su composición: crece en las áreas donde es más fácil repartir recursos y mucho menos en aquellas donde es más difícil exigir resultados.

En resumen: el diseño institucional del Congreso, combinado con la fragmentación política y la debilidad del oficialismo para ordenar prioridades, ha generado un ecosistema en el que el presupuesto crece no por estrategia de desarrollo, sino por las necesidades de la negociación política.

¿Cómo mejorar el diseño del Congreso?

Como vimos a lo largo del capítulo, el Congreso tiene mucho espacio para mejorar. Algunos cambios podrían implementarse sin necesidad de reformas constitucionales, únicamente ajustando sus propias reglas internas. Es decir, los mismos diputados podrían adoptar mejores prácticas para que la institución funcione de forma más eficiente, transparente y técnica.

Un ejemplo claro es el proceso legislativo. Podrían establecerse estándares más altos para la elaboración y revisión de iniciativas de ley. En otros países existen agencias técnicas no partidistas que cumplen este rol. En Estados Unidos, por ejemplo, el Congressional Research Service (CRS) provee análisis objetivos sobre políticas públicas, y la Congressional Budget Office (CBO) estima el impacto fiscal de las propuestas antes de que se voten. En Guatemala existe la Dirección de Estudios e Investigación Legislativa, pero rara vez se utiliza y carece de independencia y peso institucional. Fortalecerla sería un paso importante hacia la profesionalización del trabajo legislativo.

Otro ámbito de mejora es la práctica de las citaciones. Hoy en día muchas veces funcionan más como vitrinas políticas o mecanismos de presión personal que como herramientas de control real. Se podrían establecer reglas más claras: fijar umbrales mínimos antes de poder citar a un funcionario, definir criterios sustantivos que justifiquen el uso de esta facultad y crear un registro ordenado y público que permita evaluar su utilidad. Todo esto puede lograrse sin tocar la Constitución, únicamente reformando la Ley Orgánica del Organismo Legislativo.

El problema de fondo, sin embargo, es más estructural: el Congreso sufre un déficit de representatividad, como lo hemos señalado a lo largo del capítulo. El sistema actual produce distorsiones en la relación entre electores y representantes. Para corregirlo, algunos han propuesto dividir los distritos grandes en subdistritos electorales más pequeños, de modo que la representación sea más cercana y proporcional. Por ejemplo, en lugar de elegir 19 diputados para todo el departamento de Guatemala (excepto la capital), se podrían crear zonas más pequeñas que elijan a sus propios representantes. Eso permitiría a los votantes identificar más fácilmente a "su" diputado y exigirle cuentas.

Sin embargo, esta propuesta ha sido rechazada por la Corte de Constitucionalidad. En su interpretación del artículo 157 de la Constitución, los distritos electorales son los departamentos, y cualquier intento de subdividirlos requiere una reforma constitucional. Además, la propuesta discutida en su momento planteaba que fuera el Tribunal Supremo Electoral (TSE) quien definiera la ubicación de los subdistritos tras cada censo. Para la Corte, eso abría la puerta a la manipulación política de la representación, una práctica conocida como *gerrymandering* en Estados Unidos. Por eso concluyó que no basta con una simple reforma legal: se necesita una reforma constitucional.

La experiencia estadounidense ayuda a ilustrar este dilema. Desde el caso *Reynolds v. Sims* (1964), la Corte Suprema estableció el principio de "una persona, un voto": todos los distritos deben tener poblaciones similares para que cada voto tenga el mismo peso. Sin embargo, eso no impide otras formas de manipulación. Muchas veces los distritos se trazan de manera que diluyen la fuerza del voto de ciertos grupos, por ejemplo, dividiendo a una comunidad afroamericana en varios distritos donde quedan como minoría sistemática. Esta práctica se conoce como "dilución del voto".

Cuando el efecto de trazar distritos es excluir sistemáticamente a grupos raciales del poder político, puede configurarse una violación constitucional en Estados Unidos. Así ocurrió en *White v. Regester* (1973), donde se demostró que el sistema electoral dejaba sin representación efectiva a afroamericanos y latinos en Texas.

Dibujar distritos nunca es un ejercicio puramente técnico. A veces se habla de respetar límites municipales o de evitar que dos diputados en funciones compitan entre sí, pero esas razones también pueden usarse como excusa para favorecer a un partido o debilitar a ciertos votantes. Cuando el objetivo es claramente partidario, se denomina *gerrymandering político*.

Un ejemplo célebre ocurrió en Carolina del Norte. Durante un litigio, un legislador fue cuestionado porque el mapa que había diseñado parecía favorecer a los republicanos con una proyección de 10 escaños contra tres para los demócratas. Su respuesta fue lapidaria: "Voy a dibujar el mapa para que ganen 10 republicanos y tres demócratas, porque no creo que sea posible lograr 11 contra dos". Así de explícito.

La lección es clara. Primero, que no existen sistemas electorales perfectos. Segundo, que los cambios deben diseñarse con mucho cuidado. En Guatemala se han planteado propuestas de crear subdistritos, y en principio la idea apunta en la dirección correcta: acercar al votante a su diputado y hacer la representación más proporcional. Pero cualquier rediseño debe establecer parámetros claros para evitar manipulaciones burdas que favorezcan a ciertos partidos.

Eso sí: este debate enfrenta un límite constitucional. Las mejoras estructurales al sistema electoral en Guatemala están bloqueadas por un candado difícil de abrir. Cualquier intento serio por corregir la subrepresentación o rediseñar la forma en que se elige el Congreso requiere una reforma constitucional, un proceso complejo y largo, pero necesario.

Cuadro 3.2

Resumen de las reformas mínimas

Problema	Reforma mínima propuesta
Distritos desactualizados y distorsión de representación	Reforma constitucional para habilitar subdistritos en circunscripciones grandes; reforma a la Ley Electoral para tener una fórmula efectiva para asignación de curules por distrito.
Fragmentación por listas sin umbral	Umbral para acceder a escaños de lista (p. ej., 3-5% de voto válido).
Listas cerradas que concentran poder	Considerar mecanismos como: listas desbloqueadas con voto preferente (1-2 marcas) en distritos pequeños/medianos, listas abiertas u otro mecanismo e incluso debatir distritos de un solo escaño; obligación de elecciones internas verificables para ordenar listas; piloto y evaluación antes de escalar a distritos grandes.
Proceso opaco y poco técnico	Ficha técnica e impacto fiscal obligatorios antes del primer debate; ventana pública mínima para comentarios del público (p. ej., cinco días). Forzar un análisis más técnico de los proyectos de ley a nivel de comisiones con estándares mínimos.

Problema	Reforma mínima propuesta
Citaciones performativas y presupuesto como moneda	Umbral y objeto definido para citaciones (*quorum* real, cuestionario previo, informe público posterior); crear un registro abierto al público de citaciones para que este pueda evaluar su efectividad.

Fuente: elaboración del autor.

4

El Ejecutivo

Al hablar del Poder Ejecutivo, lo primero que suele aparecer en la mente es la figura del presidente. Y no es casualidad: en nuestra cultura política, el caudillismo y el personalismo han sido constantes. Precisamente por eso este poder resulta tan interesante. A lo largo de la historia ha concentrado mucho más peso que los otros órganos del Estado, y la Constitución de 1985 intentó ponerle freno. La receta fue fragmentar el poder: dar más atribuciones a un Congreso que, gracias a la fórmula electoral, es multipartidista; crear instancias intermedias de decisión como las comisiones de postulación, de las que hablaremos en el capítulo siguiente, y crear órganos autónomos como el Ministerio Público o la Contraloría General de Cuentas.

Pero detrás de la épica presidencial conviene no olvidar lo esencial: el Ejecutivo es, ante todo, un prestador de servicios y un regulador. El presidente encarna la jefatura del Estado, sí, pero el día a día se despliega en los ministerios y dependencias. El Ministerio de Educación existe para proveer un servicio público y regular a los actores privados del sector. Lo mismo ocurre con el de Salud, que no solo opera hospitales públicos, sino que regula hospitales privados, medicamentos, extiende licencias para operar ventas de alimentos, etcétera. Esa lógica —prestar servicios y regular actividades— estructura buena parte de la acción estatal.

En este capítulo vamos a detenernos en esa mecánica concreta: cómo se organiza el Ejecutivo, qué funciones cumple en realidad y en qué puntos tropieza. Y de paso, abrimos la puerta a un tema más amplio que lo atraviesa todo: la capacidad estatal. Porque no basta con que la Constitución diga qué debe hacer el Estado; la pregunta clave es si tiene los medios para hacerlo.

El diagnóstico no es alentador. Hay tres áreas donde los fallos son tan grandes que terminan reduciendo drásticamente la capacidad del Estado. Y no se trata de problemas constitucionales, sino de leyes y políticas que nunca terminaron de dotar al aparato público de los instrumentos necesarios. Entre esos problemas, hay uno que sobresale como el gran talón de Aquiles: la ausencia de un servicio civil profesional.

La explicación es simple. Un Estado con servicio civil profesional puede contar con una burocracia que llega a los cargos por méritos y no por favores. Esa base técnica no solo garantiza que las tareas se hagan, también limita el clientelismo electoral. En Guatemala ocurre lo contrario: sin un sistema claro y funcional en marcha, la vía de acceso al empleo público es el patronazgo. Entra quien tiene conexiones, no necesariamente quien tiene capacidades. Eso deja al Estado sin el recurso humano indispensable para cumplir con sus fines y, al mismo tiempo, lo convierte en botín de redes políticas.

En segundo lugar, la ausencia de una Ley de Procedimientos Administrativos es otro de los grandes agujeros en la capacidad del Estado. Dicho en sencillo: no hay reglas claras que ordenen y limiten cómo actúa la administración pública, y eso deja al ciudadano a merced de la arbitrariedad de los funcionarios. Suena denso, pero en realidad lo vivimos todos los días. ¿Quién no ha sufrido el infierno de tramitar un permiso, una licencia ambiental o cualquier gestión que se vuelve interminable porque depende del capricho del burócrata en turno? Esa discrecionalidad no solo desgasta, también abre la puerta a la corrupción: el soborno se convierte en atajo para saltarse requisitos o para bloquear a la competencia.

El tercer problema está en la Ley de Contrataciones, un verdadero Frankenstein que ha sufrido decenas de reformas que, en lugar de transparentar las compras públicas, muchas veces termina haciendo lo contrario. Por un lado, no impide la corrupción; por el otro, ralentiza la ejecución del presupuesto. No nos interesa aquí entrar en los vericuetos técnicos de sus artículos, pero sí entender que se trata de una de las piezas clave donde el diseño legal termina minando la capacidad del Estado para funcionar.

En otras palabras, el problema del Ejecutivo no es únicamente su diseño constitucional ni la figura omnipresente del presidente. Es también su incapacidad de operar como engranaje cotidiano, de sostener una burocracia profesional y de evitar que el clientelismo y la discrecionalidad lo devoren desde dentro. A lo largo de este capítulo veremos cómo estas debilidades atraviesan la vida de los ministerios, sabotean la ejecución de políticas públicas y, al final, golpean de frente a la democracia misma. Pero antes de entrar a los detalles, comencemos por lo elemental.

El presidencialismo

Todas nuestras constituciones —sin excepción— han concebido a Guatemala como una república presidencialista. Ahora bien, ¿qué significa vivir bajo un régimen presidencialista?, ¿por qué suele contraponerse al parlamentarismo?, ¿y qué implicaciones políticas tiene cada modelo?

Para ordenar ideas, conviene empezar por la relación entre Ejecutivo y Legislativo. En el presidencialismo, el presidente es elegido en comicios separados y permanece en el cargo por un periodo fijo, independientemente de la composición del Congreso. Esto genera una consecuencia inmediata: puede suceder que el Ejecutivo y la mayoría legislativa pertenezcan a partidos opuestos. En ese escenario, la negociación política se convierte en una condición de supervivencia institucional.

El parlamentarismo, en cambio, funciona de manera distinta. El primer ministro surge de la mayoría parlamentaria y responde directamente ante ella. Si esa mayoría le retira la confianza, debe dejar el cargo. En este modelo, Ejecutivo y Legislativo no caminan en paralelo, sino entrelazados: quien controla el Parlamento controla también el gobierno.

Con estos dos polos en mente, conviene observar algunos ejemplos que ayudan a ilustrar mejor el contraste.

El modelo estadounidense representa el presidencialismo clásico: un presidente con poder propio, elegido de forma independiente al Congreso, con atribuciones definidas y contrapesos claros. El modelo británico, por el contrario, encarna la lógica parlamentaria: la jefatura de Gobierno depende de la mayoría en la Cámara de los Comunes y se mantiene mientras conserve su confianza.

Entre ambos extremos se ubica un modelo híbrido: el semipresidencialismo, como el caso francés, donde un presidente electo coexiste con un primer ministro que responde ante el Parlamento. Según la composición de las mayorías, el poder oscila entre ambos.

Con este marco teórico, volvamos a casa. Guatemala —como casi toda América Latina— adoptó el presidencialismo bajo la influencia del modelo estadounidense. Sin embargo, nuestra historia política nos muestra que este diseño institucional, por sí solo, no garantiza estabilidad. En contextos de multipartidismo —como vimos en el capítulo 3—, cuando el presidente no cuenta con respaldo en el Congreso, los resultados suelen ser parálisis, desgaste y, en ocasiones, ruptura constitucional. El caso más claro de esto último fue el Serranazo de 1993.

Pero la discusión de qué modelo es mejor, si presidencialismo o parlamentarismo, también nos dice que el debate no es únicamente práctico ("¿qué modelo funciona mejor?"), sino también procedimental ("¿qué modelo es más justo?"). Quienes defienden el parlamentarismo suelen apelar a la igualdad horizontal: la misma mayoría que elige al gobierno en la asamblea define la agenda política. En cambio, quienes prefieren el presidencialismo valoran la igualdad vertical: es la ciudadanía, directamente, quien elige al jefe de Estado y no el Congreso —y, según algunos, también debería poder destituirlo—. Ambas perspectivas son razonables, pero vistas de manera aislada resultan insuficientes. Ninguna es concluyente por sí sola.

Aquí conviene detenerse en un punto importante que suele pasarse por alto: el personalismo. El problema no es únicamente la separación de poderes, sino el hecho de que todo el Poder Ejecutivo se concentre en una sola figura con un mandato fijo y una legitimidad directa. Ese personalismo reduce los beneficios del equilibrio institucional y aumenta sus costos. La experiencia latinoamericana lo ha reforzado mediante constituciones que, en distintos momentos del siglo XX, ampliaron el poder presidencial: desde la iniciativa legislativa exclusiva en ciertas materias hasta la declaración de estados de excepción.

En ese contexto, la política se personaliza. Los partidos se "presidencializan" y pierden capacidad de control; las bancadas se convierten en instrumentos del Ejecutivo antes que en contrapesos; y las salidas a las crisis se tornan traumáticas. El juicio político (*impeachment*), en los países donde existe, es un recurso extremo y lento. Lo vivió Brasil con la destitución de Dilma Rousseff en 2014 y Guillermo Lasso en Ecuador en 2023, por ejemplo.

Incluso los mecanismos de corrección traen paradojas: limitar la reelección frena el caudillismo, pero también reduce la rendición de cuentas electoral —al buen presidente no se le puede ratificar; al malo, a veces no se le castiga en las urnas—.

En síntesis: cuanto más personal es el poder, mayor el riesgo de abuso; cuanto más rígidas las salvaguardas, puede ser mayor la frustración democrática.

¿Dónde nos deja esto? El presidencialismo ofrece contrapesos claros y legitimidad directa, pero con un alto costo en rigidez institucional, doble legitimidad y personalización del poder. El parlamentarismo, en cambio, permite mayor fluidez e inclusión, aunque requiere mecanismos eficaces de freno cuando una mayoría se vuelve demasiado dominante. El debate sobre qué modelo es mejor es interminable en la literatura especializada, de modo que no nos meteremos en esa discusión.

Con este pequeño marco conceptual, corresponde explicar cómo han llegado los presidentes al poder para entender el complejo rompecabezas que hay entre el presidente y el Congreso, tomando en cuenta lo que hablamos en el capítulo 3, y ver cómo el primer mandatario no es necesariamente esa figura poderosa que concebíamos en el pasado.

El apoyo popular

En el capítulo 7 tendremos ocasión de hablar más sobre partidos políticos, pero además de que sabemos que los partidos no significan demasiado en Guatemala, sí podemos observar un fenómeno que tiene que ver con la caída de candidatos presidenciales que ganan elecciones cada vez con un apoyo menor. Si viéramos las elecciones desde 1985 a la fecha, el fenómeno está claro:

CUADRO 4.1

Año	Votos del presidente electo (1.ª vuelta)	% sobre votos válidos (excluye votos nulos y en blanco)	% sobre padrón (votantes habilitados para votar)	Bancada en Congreso
1985	648 803	38.6	23.5	51 de 100
1990*	375 119	24.2	11.7	18 de 116

Año	Votos del presidente electo (1.ª vuelta)	% sobre votos válidos (excluye votos nulos y en blanco)	% sobre padrón (votantes habilitados para votar)	Bancada en Congreso
1995	565 393	36.5	15.2	43 de 80
1999	1 045 820	47.7	25.6	63 de 113
2003	921 316	34.3	18.2	47 de 158
2007	926 236	28.2	15.5	51 de 158
2011	1 597 937	36.1	21.8	57 de 158
2015	1 152 394	28.2	15.3	11 de 158
2019*	608 083	13.9	7.5	17 de 160
2023*	653 486	15.5	7.0	23 de 160

* En esas elecciones, el candidato que resultó presidente había quedado en segundo lugar en la primera vuelta.
Fuente: elaboración propia con datos del Tribunal Supremo Electoral de Guatemala.

El cuadro anterior muestra los resultados electorales en primera vuelta desde 1985, cuando tuvimos nuestra primera elección en democracia bajo la actual Constitución. También muestra los datos que sacó el candidato que acabó ganando la presidencia en primera vuelta, el porcentaje que representan esos votos sobre el total de votos válidos y adicionalmente el porcentaje de votos que representan sobre el padrón electoral, es decir, sobre la cantidad total de gente habilitada para votar. Este último dato sirve para dar un poco de contexto sobre el entusiasmo popular de elección en elección y reflejar también la tasa de participación en cada elección de los votantes.

La primera elección la ganó con gran emoción Vinicio Cerezo (1986-1990), de la Democracia Cristiana, que además obtuvo el control del Congreso. La desilusión del gobierno de

Cerezo y la descalificación de Efraín Ríos Montt, a quien no se le permitió correr en las elecciones de 1990, hicieron que Jorge Serrano Elías (1991-1993) del MAS diese la sorpresa y, pese a quedar segundo en primera vuelta, por detrás de Jorge Carpio Nicolle de la Unión del Centro Nacional (UCN), se llevara la elección en segunda vuelta. Eso sí: su bancada en el Congreso era muy pequeña, lo que le trajo problemas de gobernabilidad que desembocaron en el autogolpe de Estado sobre el que hablaremos en el capítulo 6.

Salvo el caso de Jorge Serrano, hasta 2011 los presidentes solían ganar o con bancadas mayoritarias en el Congreso o bien con mayorías relativamente importantes que les permitían gobernar. Por el efecto de nuestra fórmula electoral para elegir diputados, nunca tuvimos una supermayoría en el Congreso, pero además de Vinicio Cerezo, tanto Álvaro Arzú (1996-2000) como Alfonso Portillo (2000-2004) gobernaron con cómodas mayorías en el Congreso. A partir de Óscar Berger (2004-2008) hasta el gobierno de Otto Pérez Molina (2012-2015), los gobiernos lograron alrededor de un tercio de las bancas del Congreso. Claro, como explicamos en el capítulo anterior, el transfuguismo les garantizaba en los primeros años de gobierno bancadas mayoritarias, pero a partir del tercer año de gobierno los diputados solían moverse al partido del candidato presidencial con mayores probabilidades de éxito o al segundo con más probabilidades. Esa ha sido la regla.

Nuestra Constitución exige un umbral alto para ganar la presidencia: el artículo 184 exige que para ser elegido presidente se obtenga la mayoría absoluta de votos, es decir, 50% más un voto. Para lograrlo se ha necesitado siempre una segunda vuelta. En Argentina, por ejemplo, basta con tener 45% de los votos o también 40% si hay más de 10 puntos de diferencia con el segundo lugar; en Costa Rica se gana con 40%. Luego hay países con umbrales bajos que exigen mayoría simple, es decir, el que saque más votos, sin importar que llegue a una mayoría absoluta. Es el caso de México, Honduras, Panamá o Nicaragua. Curiosamente, El Salvador tenía un umbral como Guatemala y regularmente acudía a segundas vueltas, pero la reforma constitucional de 2024 impulsada por el presidente Bukele, que se reeligió con el 84.65% de los votos, exige ahora mayoría simple.

¿Conviene una segunda vuelta o es mejor un sistema donde se gana por primera vuelta? Quizás si preguntamos a la excandidata Sandra Torres responderá que es preferible un sistema de mayoría simple: al fin y al cabo, fue la más votada en dos elecciones consecutivas, 2019 y 2023, para ser derrotada holgadamente en segunda vuelta en ambas ocasiones.

El asunto está en que exigir umbrales altos busca dotar de legitimidad a la figura presidencial. No es lo mismo el mandato de un candidato que puede ganar la presidencia con 21% de los votos; eso puede dar menos legitimidad. En segundo lugar, en teoría, si hay segunda vuelta se favorece menos votar por el "mal menor" en primera vuelta, porque habrá ocasión de hacerlo en la segunda. Además, existe el argumento de que forzar una segunda vuelta empuja a los candidatos hacia el centro y a buscar coaliciones mayoritarias, penalizando a los partidos más extremos. Al fin y al cabo, un partido más extremo puede salir victorioso con una porción de los votos en primera vuelta, pero tendría muy complicado convencer a más de la mitad de los votantes en segunda vuelta.

Por otra parte, cuando hablábamos de los peligros del personalismo, nuestra Constitución se blindó con la prohibición más radical que existe: en Guatemala no hay reelección de ninguna clase. Ni inmediata ni diferida. Quien ya ocupó la Presidencia, aunque sea de manera interina por más de dos años, no puede volver nunca. Así de tajante. El artículo 187 de la Constitución lo dice con todas sus letras: cualquier intento de reelegirse o de prolongar el mandato no solo es nulo, sino punible por la ley.

Este candado no fue un invento de nuestra Constitución, sino parte de una tradición regional. Ya en 1923, el Tratado General de Paz y Amistad, firmado por las cinco repúblicas centroamericanas en Washington, había establecido dos principios: negar reconocimiento a gobiernos que llegaran al poder por golpes de Estado y mantener en las constituciones la prohibición de reelección presidencial y vicepresidencial. Con ello se buscaba poner freno al caudillismo y a la inestabilidad política que habían marcado al istmo durante décadas.

Como decía antes, la ventaja de prohibir la reelección es evitar caer en el personalismo extremo y que un caudillo se haga del poder. Tener a su favor el control del Estado no es asunto menor para favorecer la reelección de un candidato, y ese peligro justifica la prohibición.

Por otra parte, la desventaja es que se cultiva el cortoplacismo: el poder presidencial va literalmente en decrecimiento a lo largo del periodo de cuatro años, sabiendo que el presidente en funciones no puede optar a la reelección. Todas las lealtades políticas se mueven al futuro: hacia futuros presidenciables. Esto desincentiva proyectos políticos de largo plazo.

En América Latina encontramos distintas fórmulas. Algunos países permiten reelección inmediata: el presidente en funciones puede reelegirse por un solo periodo más (Argentina, Bolivia, Brasil). Otros permiten reelección, pero no inmediata: hay que dejar un periodo de por medio para luego poder optar a la reelección (Chile, Costa Rica, Uruguay, Panamá).

La prohibición absoluta a la reelección, como en Guatemala, solía ser la regla en los países centroamericanos, pero las Cortes Supremas de esos países la fueron desactivando con polémicos fallos, como ocurrió en Honduras en 2015 y en El Salvador en 2024. En esos países las cortes "interpretaron" que la prohibición a la reelección no era aplicable o que violaba "derechos políticos". Algo similar ocurrió en Costa Rica en 2003, que permitió la reelección de Óscar Arias pese a que en 1997 la Sala Constitucional había rechazado ese argumento. En estos casos, las cortes resolvieron que la prohibición constitucional de reelección no debía aplicarse, con el argumento de que restringía los derechos políticos de los candidatos.

En Guatemala la prohibición a la reelección, además de ser absoluta, está blindada como cláusula pétrea. Eso quiere decir que, en teoría, no se puede cambiar. El artículo 281 lo establece así: enumera directamente al 187 y lo coloca en la lista de artículos intocables de la Constitución, junto con otros artículos clave referentes a la forma de gobierno. Y de paso cierra la puerta a cualquier intento de debilitar la alternancia o el principio mismo de no reelección.

Ahora bien, la pregunta obvia es: ¿y se puede reformar el propio 281? En teoría sí, porque dicho artículo no se incluye dentro de los no reformables explícitamente. Pero en la práctica es casi imposible. Tocar el 281 para habilitar la reelección sería como abrir la caja de Pandora: implicaría que el blindaje nunca fue blindaje, que lo "intocable" en realidad sí se toca. Ese tipo de movimiento suele generar crisis constitucionales y disputas sobre la validez de la reforma.

En otras palabras, la Constitución guatemalteca no solo prohíbe reelegirse: también se amarra a sí misma para que nadie pueda levantar esa prohibición. Y aunque uno pueda imaginar escenarios para forzar un cambio, la apuesta del constituyente fue clara: cerrar con candado doble esa puerta.

En cualquier caso, las reglas sobre reelección parecen muy rígidas en Guatemala y eso condiciona en gran medida los incentivos electorales, pero también los incentivos de los inquilinos de la casa presidencial. El cortoplacismo es una realidad y parte de la identidad de nuestro sistema. Pero el presidente no gobierna solo: además de tener un vicepresidente, está rodeado de un gabinete de ministros y, aunque no nos detendremos mucho en esto aquí, vale la pena que al menos tengamos una idea de cómo funciona esta estructura para luego pasar a los retos del Ejecutivo que enumeramos al comienzo.

El Consejo de Ministros

Al elegir presidente elegimos también al vicepresidente. La Constitución manda que ambos se inscriban en una sola planilla y para el mismo periodo de cuatro años. La idea es que si el presidente falta, lo sustituya alguien que también fue electo en las urnas.

El papel más evidente del vicepresidente es cubrir al presidente. Si la ausencia es temporal —un viaje, una incapacidad— asume de manera interina. Si la falta es definitiva, termina el periodo. Y si llegaran a faltar ambos, entonces es el Congreso el que designa al sustituto con el voto de dos tercios. Este escenario no es teórico: ocurrió en 1993 tras el autogolpe de Jorge Serrano. Tanto él como su vicepresidente, Gustavo Espina, quedaron inhabilitados. El Congreso eligió entonces a Ramiro de León Carpio como presidente y a Arturo Herbruger Asturias como vicepresidente para completar el periodo hasta enero de 1996.

En 2015 pasó algo parecido: tras la renuncia de Roxana Baldetti por el caso La Línea, el Congreso nombró a Alejandro Maldonado Aguirre como vicepresidente. Meses más tarde, cuando Otto Pérez Molina renunció acorralado por la misma crisis, Maldonado asumió la presidencia y Alfonso Fuentes Soria fue designado como vicepresidente. Ese binomio entregó la banda a Jimmy Morales en enero de 2016. Nuestro periodo presidencial es fijo: empieza el 14 de enero y termina exactamente cuatro años después. No hay forma legal de adelantar elecciones.

El vicepresidente, sin embargo, no es solo un "suplente". Tiene funciones propias: participa con voz y voto en el Consejo de Ministros, lo preside en ausencia del presidente, coordina a los ministros, representa al Ejecutivo en actos oficiales o diplomáticos y comparte la conducción de la política general del gobierno.

El hecho de que la elección se haga en "planilla conjunta" tiene otra consecuencia práctica: que el partido político proclama al binomio, y si uno de los dos candidatos queda inhabilitado al momento de registrar la candidatura, se descalifica el binomio. Así ocurrió en 2023 con Podemos, cuando a Roberto Arzú se le negó la inscripción como candidato presidencial, con él cayó también su compañero de fórmula, David Pineda. En el caso del Movimiento para la Liberación de los Pueblos (MLP) fue al revés: la descalificación de Jordán Rodas como candidato vicepresidencial arrastró a Thelma Cabrera, la presidenciable.

Ahora bien, el resto del Ejecutivo está conformado por los ministros. Cada ministro es la máxima autoridad en su ramo y el número de ministerios no es fijo: depende de lo que autorice el Congreso en la Ley del Organismo Ejecutivo. Hoy tenemos 13 ministerios. El último que se creó fue en 2012, durante el gobierno de Otto Pérez Molina, cuando nació el Ministerio de Desarrollo Social. La ironía es evidente: el Partido Patriota había criticado con dureza los programas sociales de Álvaro Colom, y ya en el poder terminó institucionalizándolos en un ministerio nuevo.

Presupuesto aprobado para 2025

Total: Q148 526 647 690

- Funcionamiento: Q98 010 921 309
- Inversión: Q29 653 040 601
- Deuda pública: Q19 962 085 780 (13.4%)

Cuadro 4.2

Distribución por ministerio (2025)

Institución	Total	Funcionamiento	Inversión	% sobre el total del presupuesto
Ministerio de Educación	Q 25 649 968 000	Q 25 540 533 559	Q 109 434 441	17.3
Ministerio de Salud Pública y Asistencia Social	Q 15 199 951 000	Q 14 089 398 545	Q 1 110 552 455	10.2
Ministerio de Comunicaciones, Infraestructura y Vivienda	Q 9 929 875 000	Q 3 222 630 209	Q 6 707 244 791	6.7
Ministerio de Gobernación	Q 8 272 774 000	Q 7 758 145 132	Q 514 628 868	5.6
Ministerio de la Defensa Nacional	Q 3 859 965 720	Q 3 801 940 076	Q 58 025 644	2.6
Ministerio de Agricultura, Ganadería y Alimentación	Q 2 592 102 000	Q 2 123 841 996	Q 468 260 004	1.7
Ministerio de Desarrollo Social	Q 2 579 702 000	Q 2 438 261 445	Q 141 440 555	1.7
Ministerio de Trabajo y Previsión Social	Q 2 414 418 000	Q 2 394 101 319	Q 20 316 681	1.6
Secretarías y otras dependencias del Ejecutivo	Q 2 040 762 000	Q 1 999 097 736	Q 41 664 264	1.4
Ministerio de Cultura y Deportes	Q 1 001 272 000	Q 917 976 089	Q 83 295 911	0.7
Ministerio de Economía	Q 977 678 000	Q 619 080 030	Q 358 597 970	0.7
Ministerio de Relaciones Exteriores	Q 960 828 764	Q 960 828 764	Q 19 171 236	0.6
Ministerio de Finanzas Públicas	Q 505 041 000	Q 484 088 985	Q 20 952 015	0.3
Ministerio de Ambiente y Recursos Naturales	Q 367 000 000	Q 343 235 474	Q 23 764 526	0.2
Presidencia de la República	Q 220 500 000	Q 217 623 735	Q 2 786 265	0.1
Ministerio de Energía y Minas	Q 106 500 000	Q 104 694 695	Q 1 805 305	0.1

Fuente: Decreto 36-2024 del Congreso, Ley de Presupuesto General de Ingresos y Egresos del Estado para el ejercicio fiscal 2025.

El cuadro anterior pretende dar una breve mirada a la situación del Ejecutivo, que en total maneja más o menos la mitad del presupuesto nacional. El resto se reparte entre el Organismo Judicial, las municipalidades, otras entidades autónomas y órganos extrapoder. Y, por supuesto, un 13.4% se va directo al pago de deuda.

Hay ministerios que son realmente pequeños en presupuesto, como Energía y Minas, que apenas llega a Q106 millones, o Ambiente, con Q367 millones. Ahora bien, si miramos el presupuesto del Ministerio Público (MP), la diferencia salta a la vista: en 2025 recibió Q1 793 millones. Y conviene aclarar algo: el MP no forma parte del Ejecutivo, es un ente autónomo, colocado fuera de la órbita de los tres poderes tradicionales. Ese presupuesto es resultado de los aumentos generosos que le ha venido aprobando el Congreso en el último lustro. Para dimensionarlo: con lo que recibe el MP se podrían financiar cinco veces Energía y Minas, casi cinco veces Ambiente, más de tres veces Finanzas Públicas o casi el doble de Economía.

En Guatemala, los ministerios de Educación y de Salud son los que concentran más recursos. El presupuesto distingue entre gasto de funcionamiento e inversión. El primero cubre lo necesario para que las instituciones sigan operando: sueldos, servicios básicos, alquileres y hasta trabajos rutinarios de mantenimiento, como tapar baches o pintar edificios. Aunque a simple vista eso debería considerarse inversión, oficialmente se clasifica como funcionamiento, porque no crea nada nuevo, solo mantiene lo ya existente. La inversión, en cambio, se reserva para proyectos que dejan infraestructura nueva o amplían la actual: una escuela, un hospital o una carretera.

El presupuesto refleja prioridades. Aunque Educación encabece la lista, lo cierto es que ese gasto equivale apenas al 3% del PIB. En comparación, los países de la región promedian 3.8%, y los de la Organización para la Cooperación y el Desarrollo Económicos (OCDE), 4.9%. De ahí la eterna discusión en Guatemala sobre el nivel de recaudación tributaria: el país sigue entre los que menos impuestos recaudan en el mundo. Pero no todo es dinero. El diseño institucional y la capacidad del Estado importan tanto como los recursos.

El episodio de la pandemia en 2020 lo dejó claro. El Congreso aprobó paquetes de emergencia con los decretos 12-2020, 13-2020 y 20-2020, que incluyeron, por primera vez desde 1994, la emisión de dinero del Banco Central por Q11 mil millones para financiar programas de ayuda. El presupuesto pasó de Q87.7 mil millones a Q97.7 mil millones en abril de 2020, un salto del 22.6%. Sin embargo, ese aumento no se tradujo en mejoras reales para la población. Cuando la capacidad del aparato estatal es baja, incrementar el presupuesto es como querer apagar un incendio con cubetas agujereadas: por más agua que se eche, gran parte se pierde en el camino y lo que llega es insuficiente.

Lo cierto es que esa debilidad institucional tiene efectos prácticos muy concretos. El más evidente es la aplicación desigual o selectiva de la regulación. Al final, el Congreso puede hacer las leyes, pero es el Ejecutivo el que las aplica. Y ahí se abren distintos caminos. Uno de los más importantes es la emisión de reglamentos que desarrollan la ley. Por ejemplo, está la Ley de Protección y Mejoramiento del Medio Ambiente, pero el Ejecutivo define en el Reglamento de Evaluación, Control y Seguimiento Ambiental cómo se aplica en la práctica. Entre sus requisitos figura la obligación de presentar estudios de impacto ambiental, que en teoría deberían medir los efectos de un proyecto sobre el entorno. Eso, claro, exige capacidad técnica del Estado. En la práctica, sin embargo, obtener una licencia en el Ministerio de Ambiente suele ser apenas un trámite o, peor aún, una fuente de corrupción. La debilidad institucional explica en buena parte que así ocurra.

La debilidad institucional y la falta de una Ley de Procedimientos Administrativos

La debilidad institucional no siempre es un accidente: muchas veces es el producto de una decisión deliberada. Como explica Daniel Brinks en *La ley y la trampa en América Latina*, optar por reglas débiles puede ser una estrategia política racional. En el papel pueden existir leyes que imponen obligaciones fuertes, pero en la práctica los funcionarios deciden no aplicarlas o las aplican solo cuando conviene. Ahí es donde aparecen las llamadas "instituciones decorativas": normas que lucen muy bien en la vitrina, pero que nunca se cumplen en serio.

Este incumplimiento adopta distintas formas. A veces es un cálculo político: se aplica con rigor contra adversarios y se relaja con los aliados. Otras veces es cuestión de recursos: el Estado no tiene capacidad técnica ni administrativa para hacer cumplir la norma. Y en más de una ocasión lo que existe es una especie de "tolerancia" hacia conductas ilegales porque el costo social o político de reprimirlas sería demasiado alto. En todos los casos, el resultado es el mismo: reglas que parecen duras pero que terminan siendo letra muerta.

Un buen ejemplo es la normativa laboral. En la práctica, la mayoría de la fuerza trabajadora no tiene contrato formal, no gana arriba del salario mínimo ni accede a vacaciones o seguridad social. La Inspección de Trabajo del Ministerio de Trabajo rara vez se preocupa por verificar esto con rigor, pero sí es común que selectivamente aparezcan "inspecciones sorpresa" en materia de seguridad ocupacional. Ahí se examina con lupa hasta el último detalle, con la amenaza de una multa cuantiosa… o bien con la posibilidad de "resolverlo" por otras vías.

Otras veces la falta de aplicación se explica simplemente por incapacidad estatal. Pensemos en algo tan básico como abrir un restaurante y obtener un permiso sanitario: el cuello de botella no es una burocracia excesiva, sino la falta de personal.

Hay tan pocos inspectores que el proceso se vuelve desesperadamente lento.

Y también están las normas cuyo incumplimiento se "tolera", ya sea por cálculo político o por falta de interés. Dos ejemplos ayudan a verlo con claridad.

El primero es el Convenio 169 de la Organización Internacional del Trabajo (OIT). Este tratado reconoce el derecho de consulta previa de los pueblos indígenas frente a proyectos que los afecten. Guatemala lo ratificó en 1997, en buena medida para mostrar credibilidad internacional, más que con la intención de aplicarlo. La Corte de Constitucionalidad avaló su compatibilidad, pero el Ejecutivo nunca emitió las normas necesarias para implementarlo. Durante años, la situación pasó inadvertida hasta que el Comité de Expertos de la OIT empezó a emitir observaciones sobre la falta de cumplimiento. A partir de ahí, organizaciones indígenas comenzaron a litigar y la Corte de Constitucionalidad empezó a exigir al Ejecutivo que regulara el derecho de consulta. El resultado fue un escenario de enorme incertidumbre tanto para comunidades como para inversionistas: ni las hidroeléctricas ni los proyectos mineros sabían a qué reglas atenerse.

Esto muestra un error conceptual típico de los noventa: creer que "menos regulación" siempre es mejor. Cierto, desregular el sector eléctrico permitió dinamizar la generación y transmisión de energía. Pero trasladar esa lógica a ámbitos como la consulta previa fue un desastre. Cuando el Estado no regula, no desaparece el problema: lo multiplica. Cada funcionario interpreta la obligación a su manera, con el resultado de que la aplicación del Convenio 169 quedó al arbitrio del Ministerio de Ambiente o del de Energía y Minas. Caos puro.

El segundo ejemplo es la Ley de Tránsito, vigente desde 1996. Su artículo 29 establece que todo propietario de vehículo debe contratar al menos un seguro de responsabilidad civil contra terceros. Sobre el papel, una norma sensata. En la práctica, 30 años después, sigue sin cumplirse. El Ejecutivo, que debería hacerla valer, simplemente nunca la aplicó.

Como decíamos antes, el Congreso hace las leyes y el Ejecutivo, como su nombre lo indica, debe hacerlas cumplir. Pues bien, desde 1996 la Ley de Tránsito, en su artículo 29, establece que todo propietario de un vehículo debe contratar como mínimo un seguro de responsabilidad civil por daños contra terceros. El 17 de marzo de 2025, después de una serie de accidentes en la vía pública que costaron vidas, el presidente de la República y el Ministerio de Gobernación consideraron importante, tras casi 30 años de omisión, crear un reglamento que finalmente hiciera exigible lo que la ley ordena desde 1996. A primera vista, parecía lo más lógico: la ley ya lo decía, ¿no?

El problema fue la forma. De repente, después de 29 años de inacción, el gobierno daba 45 días a todo propietario de vehículos para adquirir un seguro. Los primeros sorprendidos fueron las aseguradoras, que ni siquiera estaban al tanto de la medida. Pero lo peor vino con el descontento generalizado: el país quedó paralizado por protestas masivas y el gobierno no tuvo más remedio que dar marcha atrás.

Una buena idea, mal ejecutada, terminó en fiasco. Pero si el problema fuera solo de implementación, no valdría la pena detenerse en la anécdota. El asunto de fondo es otro. Como señalamos al inicio del capítulo, uno de los grandes problemas en Guatemala es la falta de una Ley de Procedimientos Administrativos, y este ejemplo del seguro obligatorio lo ilustra muy bien. En primer lugar, porque no existen parámetros claros para que el gobierno emita reglamentos. Este se diseñó sin proceso alguno: no hubo discusión con aseguradoras, gremiales de transportistas, conductores ni con asociaciones de víctimas de accidentes de tránsito. Simplemente se emitió de golpe.

En contraste, en países como Estados Unidos existe desde 1946 la Administrative Procedure Act (APA) (Ley de Procedimientos Administrativos), que regula los procedimientos para elaborar un reglamento. Si ese reglamento se hubiese tramitado bajo una norma como la APA, el proceso habría sido más o menos así:

Primero, la agencia encargada hubiera emitido una propuesta preliminar de reglamento, sustentada en estudios técnicos, consultas con expertos y otros insumos. Luego, la propuesta se habría publicado en un portal de transparencia, junto con su justificación legal y técnica, y se habría abierto un periodo de comentarios públicos de uno o dos meses. Incluso, en ciertos casos, se habrían realizado audiencias públicas para escuchar a las partes interesadas. Durante ese lapso, la agencia habría recibido observaciones por escrito, y al finalizar, estaría obligada a responder, explicando por qué aceptaba o rechazaba cada comentario antes de emitir el reglamento final.

Ese procedimiento busca dar garantías a los ciudadanos frente al poder público y evitar que las regulaciones sean arbitrarias o inviables. ¿Qué habría pasado con el reglamento del seguro obligatorio bajo un esquema así? Lo más probable es que, durante la fase de comentarios, el gobierno se hubiera dado cuenta de la inviabilidad de exigir seguros a todo el parque vehicular en 45 días y se habría visto forzado a ajustar la medida, cambiar el cronograma o incluso explorar otras alternativas.

Pero también una ley como la APA obliga a la administración a justificar cuándo deroga o elimina un reglamento, y eso puede ser un verdadero dolor de cabeza. Veamos el tema del seguro de vehículos. Durante el gobierno de Alejandro Giammattei, tras la presión de las víctimas de accidentes de tránsito, se aprobó un reglamento que obligaba al transporte de carga y de pasajeros a contratar un seguro contra terceros. A diferencia del intento de 2025, que iba dirigido a todo tipo de vehículos particulares y motocicletas, aquel se enfocaba únicamente en buses y transporte pesado. El resultado fue el mismo: la medida nunca se aplicó. Por presión del gremio de transportistas, el gobierno prorrogó su entrada en vigor cuatro veces.

Y la quinta, en lugar de otra prórroga, simplemente derogó el reglamento sin explicación. Así, con una firma, se acabó la obligación.

La APA evita precisamente eso. Incluso exige que la administración dé razones cuando pretende eliminar un reglamento. Un ejemplo lo vimos en Estados Unidos, durante el gobierno de Joe Biden. Apenas asumió, decidió poner fin al programa "Quédate en México", impuesto por Donald Trump, que obligaba a los solicitantes de asilo a esperar en México su cita. Un juez suspendió la derogación, no porque defendiera el programa, sino porque consideró que la administración Biden no había justificado de manera suficiente su decisión. Bajo la APA, para eliminar una regla no basta con un plumazo: la autoridad debe explicar por qué la elimina, qué evidencia respalda la decisión y cuáles serán los impactos previstos. Y, además, abrir un periodo de comentarios públicos.

Quizás el lector piense: ¿por qué esto es tan importante? La respuesta está en los sectores regulados: alimentos, medicamentos, construcción de infraestructura, telecomunicaciones. ¿Cuánto tiempo puede tomar registrar un medicamento antes de su salida al mercado? En Guatemala, demasiado. Una de las causas es que no existe una ley de procedimientos administrativos. El Ministerio de Salud Pública emite normas técnicas que, al no seguir un proceso regulado, pueden resultar arbitrarias. Y peor aún: registrar una patente de un medicamento nuevo puede tardar hasta 10 años. Los cuellos de botella y la corrupción florecen porque no hay un marco que ordene cómo la administración debe emitir reglamentos, dictar normas técnicas o decidir sobre licencias y permisos.

Hubo un intento en 2021, cuando se aprobó la Ley de Simplificación de Trámites. La norma ayudó en algo: obliga a publicar información, a mejorar portales web y a eliminar trámites innecesarios. Pero solo toca una parte del problema. Lo que no resuelve es lo que debe ser el corazón de una Ley de Procedimientos Administrativos: cómo se emite un reglamento, cómo se abre a discusión pública y cómo se asegura que las decisiones de la administración no sean arbitrarias.

No todos los países tienen un modelo idéntico a la APA de Estados Unidos, que usé aquí como ejemplo, pero la mayoría sí cuentan con marcos que dan forma al ejercicio del poder administrativo. Guatemala es hoy el único país de la región que no lo tiene. El Salvador en 2018 y Paraguay en 2021 fueron los últimos en unirse al club de países que ya aprobaron una ley de este tipo. Guatemala sigue rezagada. Y aun así, tener una Ley de Procedimientos Administrativos resolvería solo una parte del problema. La otra, igual de grave, es el recurso humano, y de eso hablaremos a continuación.

El servicio civil

Si hay un engranaje que explica por qué el Estado promete más de lo que cumple, es este. El diagnóstico no ha cambiado en 20 años, y por eso mismo urge revisarlo: sin un servicio civil que funcione no hay Estado eficaz posible, ni crecimiento sostenido, ni salida del círculo de la discrecionalidad, la *tramititis* y la opacidad. El objetivo es sencillo de entender: atraer mejor capital humano e impulsar una carrera basada en mérito. El problema es que el mapa institucional que tenemos empuja en sentido contrario.

Los datos lo muestran con crudeza. A finales de los noventa, según el Centro de Investigaciones Económicas Nacionales (CIEN), la Oficina Nacional del Servicio Civil (ONSEC) registraba unos 252 703 puestos en los tres organismos del Estado (sin incluir descentralizadas ni autónomas), con Educación concentrando más de la mitad. Para 2010, solo el Organismo Ejecutivo ya contaba con 255 285 plazas, y Educación acumulaba más del 70% de ellas.

En 2017, la Encuesta Nacional de Empleo e Ingresos del Instituto Nacional de Estadística (INE) calculó que 6% de las personas ocupadas trabajaba como empleado público —unos 419 104 de los 6 974 163 que integraban la población económicamente activa— y que alrededor de 282 000 lo hacían para el gobierno central. Pero este dato provenía de las respuestas de los entrevistados, no de un registro confiable del propio Estado. Ese mismo año, el gobierno de Jimmy Morales intentó hacer un "censo" de empleados públicos para poner orden. El resultado fue casi caricaturesco: se censaron alrededor de 292 mil plazas, pero más de 37 mil puestos no aparecieron. En otras palabras, el Estado descubrió que ni siquiera sabía con certeza cuántos trabajadores tenía en planilla. Para colmo, el propio presidente terminó rechazando los resultados alegando errores, y el país quedó en el mismo lugar: con más burocracia, pero sin reglas claras ni un padrón confiable.

Ahora bien, el volumen importa, pero el problema es de arquitectura. La Constitución remite lo relativo al servicio civil a una Ley del Servicio Civil (LSC), y la actual data de 1968, redactada al amparo de la Constitución de 1965. En teoría, la LSC de 1968 y su reglamento de 1998 prometen eficiencia y justicia. En la práctica, chocan contra una muralla de procedimientos obsoletos, regulaciones innecesarias, ascensos discrecionales que esquivan la oposición, controles duplicados, remuneraciones mal diseñadas, capacitación escasa, evaluaciones sin consecuencias, abuso de renglones para sortear requisitos y negociación colectiva usada para crear o mejorar plazas al margen del mérito. El resultado es un sistema de contrataciones altamente discrecional, que incentiva la corrupción y precariza la función pública.

A esto se suma la cobertura fragmentada. El Legislativo y el Judicial tienen sus propias leyes de servicio civil; varios ministerios operan con regímenes especiales (Defensa, Servicio Diplomático, Policía Nacional Civil —PNC—, Magisterio); y muchas entidades descentralizadas y autónomas se rigen por normas propias, como la carrera fiscal en el MP, el régimen del Banco de Guatemala, o la Ley de Servicio Municipal en las municipalidades. Para 2005 ya existían cerca de 45 regímenes paralelos. Un verdadero caos.

Por otra parte, la Constitución de 1985 reconoció el derecho de sindicalización y huelga de los trabajadores del Estado, y la legislación aprobada en democracia generó un sindicalismo desproporcionadamente protegido. Tenemos así lo peor de dos mundos: un servicio civil incapaz de atraer al mejor talento por mérito, y unas protecciones sindicales desmedidas a favor del recurso humano del Estado.

De acuerdo con el CIEN, en 2018 había 616 sindicatos en la administración pública. Los más poderosos son el Sindicato de Trabajadoras y Trabajadores de la Educación de Guatemala (STEG) y el Sindicato Nacional de Trabajadores de Salud de Guatemala (SNTSG), que negocian condiciones que muchas veces exceden los estándares ordinarios en ingreso, promoción, despido y salarios. La pregunta no es si debe haber negociación colectiva, sino bajo qué límites y principios comunes puede funcionar cuando el sector público negocia consigo mismo.

Si uno quiere entender por qué la negociación colectiva en el Estado suele dejar un regusto amargo, basta con asomarse a Salud en 2013. Antes hagamos un paréntesis. Un pacto colectivo es un acuerdo formal que se firma entre un empleador (acá el empleador es el Estado) y el sindicato de sus trabajadores. Funciona como un "contrato colectivo" en el sector público: ahí se fijan salarios, bonos, licencias, horarios y hasta condiciones de trabajo. El problema es que, a diferencia de un contrato individual, lo que se negocia en estos pactos tiene efectos sobre miles de empleados... y sobre el presupuesto del Estado.

El caso más sonado fue el del Ministerio de Salud en 2013. Ese año, en plena crisis del sistema sanitario, el SNTSG contrató al abogado César Landelino Franco para negociar el pacto colectivo. Y lo escandaloso no fue solo el monto, sino quién lo pagó: ¡el Estado terminó cubriendo buena parte de la factura! En total, Franco cobró Q24 millones por sus servicios. De ese monto, Q17.6 millones salieron directamente del presupuesto del ministerio, y los Q6.4 millones restantes se descontaron de los propios trabajadores entre 2014 y 2015. Es decir, el sindicato eligió al abogado, pero fue el erario público quien asumió la mayor parte de sus honorarios.

En Educación, la historia toma otra curva, igual de onerosa. Los pactos colectivos negociados por el STEG de Joviel Acevedo aseguraron aumentos salariales de 8% en 2013, 10% en 2014 y 12% en 2015. En números fríos, aquello significó unos Q700 millones adicionales cada año, lo que traído a valor presente suma cerca de Q8 739 millones. Y cuando en 2024 y 2025 el Ministerio de Educación intentó ponerle un freno al STEG, la Procuraduría General de la Nación impugnó cláusulas que convertían al sindicato en un cuasi ministerio paralelo: con poder para decidir sobre capacitaciones, integrar juntas mixtas con autoridad para resolver quejas contra trabajadores e incluso "monitorear y evaluar" servicios educativos, funciones que por ley le corresponden al ministerio.

Lo más llamativo, sin embargo, fue el secretismo en la negociación del nuevo pacto colectivo bajo el gobierno de Giammattei. Amparado en una interpretación de la Ley de Acceso a la Información, el Ejecutivo lo mantuvo bajo reserva. Abogados y organizaciones de la sociedad civil intentamos revertir esa decisión, pero hasta la fecha de escribir estas líneas, los tribunales no habían ordenado su publicación.

No sorprende, entonces, que los sindicatos públicos se conviertan en armas de negociación política. Los gobernantes suelen concederles prebendas a cambio de apoyo, sacrificando recursos y calidad en los servicios. No es casualidad que el STEG, con Joviel Acevedo a la cabeza, saliera a manifestar su apoyo a Otto Pérez Molina en 2015, aunque esa jugada poco ayudó: el presidente renunció en agosto de ese año tras el destape del caso La Línea.

Ahora bien, no es mi intención desmenuzar cada problema del servicio civil, sino destacar lo esencial: en ausencia de un sistema de contratación por mérito, lo que existe es un sistema de lealtades. El que busca empleo en el Estado necesita padrino; si no es por mérito, es por conexiones. Y eso politiza a una burocracia que debería ser técnica: necesitamos especialistas en Salud o en Ambiente, no operadores políticos.

Esa precariedad convierte al servicio civil en moneda de cambio entre el Ejecutivo y el Congreso. Exministros cuentan lo común que es recibir listas de "referidos" de diputados para colocar en la planilla. Y el problema no es solo ético: la única forma de romper ese círculo es tener un servicio civil real, basado en reglas, mérito y profesionalización.

Lo entendí mejor cuando estudiaba mi primera maestría en Madrid, en 2014. Un compañero contaba cómo se había preparado durante más de un año para ganar por oposición una plaza como asesor municipal en el servicio civil español. Esa es la lógica de un sistema que premia el mérito, no las conexiones. Justo lo que en Guatemala seguimos sin tener.

Las contrataciones públicas

Hablar de compras y contrataciones públicas puede sonar árido, lleno de tecnicismos. Pero en realidad el principio es sencillo. Si usted quiere comprar un carro, compara precios, revisa la calidad, observa tiempos de entrega y trata de estirar el presupuesto lo más posible. El Estado hace lo mismo, solo que a una escala gigantesca. Con los impuestos de todos, uno esperaría hospitales con medicinas, carreteras que duren y escuelas bien equipadas. La realidad, sin embargo, suele ser otra: opacidad, ineficiencia y resultados mediocres.

La encargada de regular este proceso es la Ley de Contrataciones del Estado (LCE). Su aplicación está en manos del Ministerio de Finanzas, a través de la Dirección General de Adquisiciones del Estado (DGAE), que dicta lineamientos, interpreta la norma y capacita a los funcionarios. Además, todas las instituciones públicas deben usar Guatecompras, un portal donde se publican bases de licitación, adjudicaciones, contratos y demás documentos. Sobre el papel, el sistema luce funcional.

La LCE clasifica los procesos según el monto de la adquisición:

1. **Baja cuantía** (menos de Q25 mil). Compra directa, sin concurso ni junta evaluadora. Se publica en Guatecompras, pero no hay competencia real. Es para gastos pequeños, aunque el riesgo es partir compras para encajar aquí.
2. **Compra directa** (Q25 mil-Q90 mil). También ágil, pero ya se anuncia un día hábil en Guatecompras para recibir ofertas. Decide directamente la autoridad que compra. Útil para compras medianas, aunque persiste el incentivo a fragmentar.
3. **Cotización** (Q90 mil-Q900 mil). Ahora sí hay competencia: se convoca por ocho días y una Junta de Cotización compara ofertas. Se publican bases y resultados. Es el formato estándar para bienes y servicios intermedios.
4. **Licitación** (más de Q900 mil). El proceso mayor. La convocatoria dura al menos 40 días, participan varios oferentes y decide una Junta de Licitación. Todo se publica en Guatecompras. Se usa para obras, proyectos grandes o compras complejas.

Existen también excepciones —emergencias, insumos de salud por medio de la OPS/OMS, servicios básicos—, pero no cambiemos de carril: el problema no es la excepción, sino el diseño mismo.

Como explica Irene Flores en un estudio de 2022 para la Fundación Libertad y Desarrollo, el esquema genera incentivos claros: fragmentar compras para usar modalidades más laxas y menos competitivas. Los datos lo muestran. En 2020, por número de procesos, dominó la compra directa con oferta electrónica, que concentró tres de cada cuatro adjudicaciones (74%). En monto, mandó la licitación pública, con casi Q 9 814 millones (39% del total).

En teoría, parece lógico: lo grande se licita, lo pequeño se compra directo. El problema es que la etiqueta de "competitivo" suele ser decorativa. En muchas licitaciones o cotizaciones apenas participa un oferente… y gana por default. Peor todavía, los criterios de evaluación suelen centrarse en formalismos —qué sello, qué carpeta— en lugar de lo que realmente importa: calidad, soporte, costo total del ciclo de vida o tiempos de entrega. Y en no pocas ocasiones, las bases son tan específicas que el concurso parece escrito para un proveedor en particular.

Hay detalles que parecen menores pero que también afectan. En una licitación, la recepción de ofertas abre exactamente a la hora fijada (ejemplo: 10:00 a.m.) y solo dura 30 minutos (hasta las 10:30). Pasado ese lapso, la Junta ya no recibe nada, aunque el oferente llegue tarde por tráfico o por fallas del sistema. Así lo ordena el artículo 24 de la LCE. Luego se abren públicamente los sobres y se levanta un acta; la evaluación viene después.

¿Y si hubo un error? ¿O criterios incorrectos? Se puede presentar una inconformidad, pero la resuelve la misma entidad que compra. No hay un árbitro independiente que pueda suspender una adjudicación mal llevada y corregirla a tiempo. La vía judicial existe, sí, pero suele llegar tarde y es cara, cuando el contrato ya está en ejecución.

En países donde se compra bien, existen pliegos tipo: plantillas obligatorias que establecen qué requisitos mínimos debe cumplir el producto y cómo se evaluarán las ofertas (precio, calidad, plazos, garantías, etcétera).

Otro foco de problemas es el pago tardío a los proveedores. La LCE manda pagar en 30 días, pero en la práctica eso se incumple gran parte del tiempo: hay desorden en la recepción de productos y papeles, cambios al contrato y trámites que se alargan. Esa incertidumbre crea poder altamente discrecional sobre el orden de la "cola" en que se paga a los proveedores y abre espacio a negocios paralelos. Uno es el factoraje: el proveedor vende su factura con descuento para tener liquidez; es legal, pero cuando la demora es la norma ese costo extra se traslada luego a los precios. El otro es la "agilización" informal: intermediarios o funcionarios pueden cobrar sobornos por adelantar un expediente. De hecho, cuando la Comisión Internacional contra la Impunidad en Guatemala (CICIG) destapó la corrupción en el caso Construcción y Corrupción, los sobornos por "gestionar" los pagos a proveedores que habían construido carreteras eran buena parte del problema. Resultado: menos empresas se animan a competir, las que quedan suman la "prima" por espera o gestión a sus ofertas, y el Estado termina pagando más por lo mismo. Y los ciudadanos reciben menos servicios.

Luego hay otro tema práctico. En Guatemala no hay un kit estándar nacional para productos que se compran con frecuencia y son relativamente comunes. Cada entidad arma sus propias bases y matrices de evaluación. ¿El resultado? Como explica Irene Flores en el estudio antes mencionado, dos hospitales públicos pueden comprar el mismo acetaminofén con criterios distintos y terminar pagando precios diferentes por calidades también distintas. Esa variación encarece los productos que se compran, dificulta el control y mina la confianza en el sistema.

A esto se suma la maraña normativa. Desde 2009, el Congreso ha discutido 18 reformas a la LCE y aprobado 10. Debajo de la ley conviven 199 instrumentos vigentes —leyes, reglamentos, manuales, circulares, guías— que regulan algún tramo del proceso. Cumplir es complicado, auditar es casi imposible, y cada institución sobrevive como puede. El caos es total. Y en medio de él, se cuela la corrupción, pero también —y quizá peor— la lentitud y la ineficiencia que la gente percibe todos los días.

Conclusión

Si algo muestra este recorrido es que el problema del Ejecutivo es, en buena medida, producto del deficiente desarrollo de la institucionalidad durante la vigencia de la actual Constitución. Podemos discutir si el presidencialismo es más o menos virtuoso que el parlamentarismo, pero, al final, lo que sostiene o hunde a un gobierno es su capacidad real de operar con efectividad.

Esa capacidad está hoy erosionada por tres grietas que se retroalimentan: un servicio civil sin mérito, la ausencia de una Ley de Procedimientos Administrativos y un sistema de contrataciones que mezcla rigidez inútil con discrecionalidad peligrosa. Con semejante combinación, resulta casi imposible que el aparato estatal funcione correctamente.

Es cierto que no hay espacio para entrar en todos los episodios relevantes, pero la década de los noventa dejó huella en la identidad del Estado que hoy tenemos. Mientras la privatización de las telecomunicaciones y de la energía eléctrica trajo dinamismo a esos sectores, se descuidó por completo la arquitectura legal que debía sostener a la administración central. La Ley del Organismo Ejecutivo y la Ley de lo Contencioso Administrativo, aprobadas en ese contexto, fueron instrumentos demasiado elementales para limitar y ordenar al Ejecutivo. Se abrazó la idea de que "menos regulación" era sinónimo de libertad, pero trasladada al ámbito del derecho administrativo terminó generando un Estado que, paradójicamente, amenaza más la libertad por carecer de reglas claras que lo obliguen a estándares altos en licencias, permisos y reglamentación.

Ese mismo déficit institucional explica por qué muchas privatizaciones, que en teoría modernizaron sectores como telecomunicaciones, no lograron consolidar sus beneficios en el tiempo. No fue la privatización lo que falló, sino la falta de un marco fuerte que garantizara competencia sostenida y un regulador capaz de hacer su trabajo. La debilidad de la Superintendencia de Telecomunicaciones y el retraso en adjudicar la banda 5G son ejemplos claros: sin instituciones sólidas, incluso las reformas más celebradas terminan languideciendo.

Este capítulo confirma una idea planteada en el capítulo 2: la Constitución es importante, pero no lo es todo, y en algunos casos ni siquiera es lo más importante. Lograr un Estado efectivo pasa por implementar las tres reformas clave expuestas aquí: un servicio civil profesional, una ley de procedimientos administrativos y un sistema de contrataciones funcional. El diagnóstico lo comparten prácticamente todos los expertos; el problema de fondo es político.

Crear un servicio civil basado en mérito o un sistema de contrataciones que funcione y castigue la corrupción choca de frente con los intereses de la élite política. Esa es, en última instancia, la principal barrera.

CUADRO 4.3

Problema	Reforma mínima propuesta
Empleos públicos por "palanca" y no por capacidad	Crear una nueva Ley de Servicio Civil que establezca concursos abiertos, reglas claras y ascensos por mérito, para profesionalizar al Estado.

Problema	Reforma mínima propuesta
No hay Ley de Procedimientos Administrativos	Aprobar una ley que dé reglas claras y públicas para emitir reglamentos: estudios previos, discusión abierta y justificación obligatoria de cada decisión.
Compras y pagos del Estado lentos, opacos y caros	Aprobar una nueva Ley de Contrataciones, más simple y competitiva, con pliegos estandarizados, árbitro independiente para inconformidades y obligación de pagar a tiempo a proveedores.
Sindicatos con pactos poco transparentes	Establecer límites y transparencia en la negociación colectiva: topes presupuestarios, publicación obligatoria de los pactos y reglas comunes para todos.

Fuente: elaboración del autor.

5

El sistema de justicia

—¿Puedo mirar los libros? —preguntó K.

—No está permitido. Los libros pertenecen al juez instructor.

—¡Ah, ya! —dijo K.—. Los libros son códigos y es propio de esta justicia que uno sea condenado no solo inocente, sino también ignorante.

Franz Kafka, *El proceso*
Diálogo de Josef K. con la esposa del ujier, al regresar a la sala vacía de su primera audiencia

La justicia en Guatemala es uno de los puntos más débiles de nuestro sistema institucional. No es una cuestión de percepción: los números son contundentes.

En 2024, según Latinobarómetro, solo uno de cada cuatro guatemaltecos confiaba en el Poder Judicial, un porcentaje por debajo del promedio regional. El Índice de Estado de Derecho del World Justice Project muestra una situación aún más alarmante: en justicia civil, Guatemala ocupa el puesto 135 de 142 países, y en justicia penal, el 126. Nos encontramos entre los peores del mundo.

Este colapso se siente en el día a día: los enemigos políticos reciben castigos más severos que los delincuentes comunes; más de 100 jueces, fiscales, periodistas y activistas han tenido que exiliarse desde 2021; y los casos de corrupción que involucran a figuras políticas poderosas terminan archivados. Esto genera dos efectos devastadores: los ciudadanos pierden su libertad, viviendo a merced de un sistema manipulado, y la economía se ve afectada, ya que nadie invierte en un país donde la justicia puede ser manipulada.

Por lo tanto, entender la crisis de nuestro sistema judicial no es solo una cuestión técnica de abogados, sino una pieza clave para entender por qué Guatemala no logra consolidar su democracia ni aprovechar su potencial económico. A continuación, intentaremos explicar cómo la Constitución de 1985 y sus reformas de 1993 y 1994 han contribuido al deterioro del sistema. Pero antes de analizar nuestros errores, es útil observar los sistemas judiciales en países donde la justicia sí funciona.

La independencia de los jueces

Decir que los jueces deben ser independientes parece obvio, casi de sentido común. Sin embargo, detrás de esa idea sencilla hay un problema institucional enorme: ¿cómo lograr que un juez sea realmente imparcial e independiente cuando debe resolver un caso?

En principio, la independencia significa dos cosas. Primero, que el juez no se incline hacia ninguna de las partes en litigio. Segundo, que pueda decidir libremente incluso cuando el Estado mismo esté involucrado. Esta segunda dimensión es la que convierte a la independencia judicial en un pilar del constitucionalismo: sin jueces capaces de decirle "no" al gobierno, el derecho se reduce a un discurso vacío.

Pero aquí aparece la pregunta incómoda: ¿de dónde sale esa independencia? Nadie nace inmune a las presiones, y menos alguien que ejerce poder. La autonomía judicial no se decreta con discursos, sino que depende de algo mucho más concreto: cómo se llega a ser juez y cómo funciona la carrera judicial.

Mientras los ascensos, traslados o sanciones dependan de los políticos, la independencia es una ilusión. Si todo queda en manos de jerarcas dentro del propio Poder Judicial, el riesgo es que los jueces actúen por temor a sus superiores. Y si los jueces se eligen en procesos puramente políticos, la tentación de convertirlos en fichas partidarias es altísima. Por eso, cuando hablamos de independencia judicial, en realidad estamos hablando de sistemas de selección, de estructuras organizativas y de reglas de carrera que buscan resolver un dilema universal: ¿cómo escoger jueces que sean competentes, responsables y, al mismo tiempo, libres de presiones indebidas?

Esta tensión explica por qué distintos países han adoptado modelos muy diferentes. Algunos prefieren que los jueces lleguen tarde, después de una larga vida profesional en la abogacía, la academia o incluso la política. Otros optan por convertir la judicatura en una carrera desde la juventud, con un esquema jerárquico que los acompaña toda la vida. Ninguno de los dos caminos es perfecto, pero ambos son intentos de dar respuesta al mismo problema: cómo garantizar que los jueces, cuando llegue la hora de decidir, no obedezcan a nadie más que a la ley.

Los modelos en otros países

La independencia de los jueces no es solo un ideal abstracto: depende directamente de cómo se les nombra, se les forma y se les controla. Y en el mundo moderno existen dos grandes tradiciones jurídicas que han dado lugar a modelos muy distintos de organización judicial: el derecho anglosajón (*common law*) y el derecho continental (*civil law*).

Dos tradiciones, dos maneras de concebir al juez

El derecho anglosajón (*common law*) nació en Inglaterra hace casi mil años y se extendió a Estados Unidos y a las antiguas colonias británicas. Allí la ley no está toda escrita en códigos, sino que se construye también a partir de las decisiones de los jueces en casos anteriores. Por eso, en estos países el juez suele ser una figura con mucha autoridad personal, alguien que llega al cargo después de haber sido abogado durante muchos años.

El derecho continental (*civil law*), en cambio, se remonta al derecho romano y se consolidó en Europa con los grandes códigos escritos, como el Código Napoleónico en Francia o el Código Civil alemán. Aquí el centro está en la ley escrita: grandes códigos que fijan las reglas. Los jueces no son abogados de prestigio que llegan tarde a la judicatura, sino funcionarios profesionales que hacen carrera dentro del sistema judicial desde muy jóvenes.

En resumen: en el derecho anglosajón el juez es un árbitro experimentado que aporta prestigio y criterio; en el derecho continental es un funcionario de carrera formado para aplicar la ley de manera estable y disciplinada.

El modelo anglosajón (common law): *jueces tardíos y con experiencia previa*

En Inglaterra, durante siglos casi todos los jueces provenían del pequeño grupo de abogados litigantes en los tribunales superiores, los *barristers*. Solo después de 10 o más años de ejercicio exitoso podían aspirar a convertirse en jueces. Primero abogados reconocidos, después jueces.

En Estados Unidos, el panorama es más diverso. En algunos estados los jueces son electos por voto popular, en otros los designa el gobernador y en otros se utiliza un sistema mixto. A nivel federal, el proceso es todavía más político: el presidente nomina y el Senado confirma tras audiencias públicas que se han convertido en verdaderos espectáculos nacionales (especialmente en el caso de nominados a la Corte Suprema), donde se examina la trayectoria, las opiniones y hasta la personalidad del candidato.

El resultado es que la selección de jueces en Estados Unidos es un campo de batalla partidista. Pero, una vez confirmados, los jueces federales gozan de una independencia casi absoluta: tienen cargos vitalicios y solo pueden ser removidos mediante un complejo juicio político. Por ejemplo, nunca se ha hecho este juicio político para quitarlos del cargo. En otras palabras, la presión política se concentra al inicio, en la nominación y la confirmación, pero después desaparece, dejando al juez con plena autonomía para decidir.

Aunque ni la Constitución ni ninguna ley lo exigen, en la práctica los presidentes suelen nominar abogados con credenciales académicas impecables. Basta ver la Corte Suprema actual: de los nueve magistrados, cuatro estudiaron en Yale, cuatro en Harvard y una en Notre Dame. Yale y Harvard son consideradas las dos facultades de derecho más influyentes de Estados Unidos; Notre Dame, aunque menos conocida fuera del país, también es un referente de primer nivel. En la práctica, estas universidades funcionan como auténticas fábricas de la élite jurídica estadounidense.

El modelo continental (civil law): *jueces jóvenes y carrera jerárquica*

En Europa continental y, por herencia, en parte de América Latina, el camino es muy distinto. Aquí los jueces suelen ingresar jóvenes, recién graduados de derecho, tras superar exámenes públicos muy exigentes (en América Latina no es el caso). Empiezan en la base de una pirámide burocrática y ascienden poco a poco según la antigüedad, las evaluaciones y la opinión de sus superiores.

En Alemania, por ejemplo, los candidatos deben pasar dos exámenes estatales, realizar prácticas en juzgados, fiscalías y despachos, y luego trabajar varios años como jueces en prueba antes de obtener estabilidad vitalicia. El Ministerio de Justicia de cada región conserva un papel central en los nombramientos y promociones, lo que significa que la política sigue teniendo influencia.

Suecia combina años de pasantías y periodos de prueba, con agencias semiautónomas que proponen nombramientos, aunque el gobierno aún conserva un rol. Francia, Italia, España y Portugal desarrollaron escuelas judiciales y consejos de la magistratura para profesionalizar la formación y blindar la independencia frente al Ejecutivo. En Francia destaca la prestigiosa École Nationale de la Magistrature; en Italia, el Consejo Superior de la Magistratura controla directamente la carrera; en España y Portugal, consejos similares nacieron tras la transición democrática.

En todos estos países el sistema está diseñado para que los jueces hagan toda su vida profesional dentro del Poder Judicial. Esto garantiza especialización y estabilidad, pero también conlleva el riesgo de que las jerarquías internas y los controles burocráticos se conviertan en cadenas que limiten su independencia real.

Si miramos de cerca, la diferencia entre los dos modelos no está solo en la edad de los jueces, sino en la lógica que hay detrás. El modelo anglosajón apuesta por jueces que llegan tarde, después de haber acumulado prestigio y experiencia, de modo que no dependan de ascensos internos ni de superiores jerárquicos. El modelo continental, en cambio, confía en formar a los jueces desde jóvenes dentro de una carrera jerárquica, donde la disciplina y el control interno se vean como garantía de imparcialidad.

Son dos respuestas distintas al mismo dilema: cómo asegurar jueces competentes, imparciales y responsables frente a la sociedad. Ninguno de los modelos es perfecto, pero ambos tienen coherencia interna. Y entender esa lógica es fundamental, porque cuando un país adopta reglas que no encajan en ninguna de estas tradiciones —como veremos en el caso de

Guatemala—, el resultado no es independencia judicial, sino un sistema frágil, expuesto a la manipulación política.

El modelo guatemalteco: una mezcla peculiar

En Guatemala, la mayoría de los ciudadanos apenas sabe cómo funciona la justicia. Se repite que "la Corte Suprema es la máxima autoridad", pero pocos podrían explicar qué hay debajo de ella o qué papel desempeña cada instancia. Sin embargo, entender esa arquitectura no es un detalle técnico: es la clave para comprender por qué la independencia judicial en nuestro país es tan frágil.

Imaginemos la justicia como una pirámide. En la cúspide está la Corte Suprema de Justicia (CSJ), compuesta por 13 magistrados. Es el tribunal más alto y se supone que debe garantizar que los procesos se resuelvan de manera "pronta y cumplida".

Un escalón más abajo se encuentra la Corte de Apelaciones y otros tribunales colegiados. Funcionan como filtros: revisan lo que decidieron los jueces de primera instancia y corrigen sus errores.

En el tercer nivel están los jueces de primera instancia, quienes ven los casos más relevantes: penales, civiles, laborales, de familia o económico-coactivos. También cumplen tareas muy prácticas: supervisar cárceles, visitar registros y resolver conflictos de su jurisdicción.

Y, en la base, aparecen los jueces de paz: la justicia más cercana a la vida cotidiana. Atienden disputas menores, sanciones inmediatas o diligencias urgentes. Son —al menos en teoría— el rostro más accesible del sistema.

Vista así, la pirámide parece ordenada. El problema empieza cuando preguntamos: ¿cómo llega alguien a ocupar uno de esos puestos?

CUADRO 5.1

Jerarquía	Órganos judiciales	Magistrados/ Jueces	Observaciones
Corte Suprema de Justicia	Una Corte, dividida en Cámara Penal, Cámara Civil y Cámara de Amparo y Antejuicio.	13 magistrados.	Tribunal superior ordinario del país.
Corte de Apelaciones	52 salas (a agosto de 2025).	260 magistrados (tres titulares más dos suplentes por sala).	Conforman la segunda instancia.
Juzgados y Tribunales de Primera Instancia	218 juzgados (incluye tribunales colegiados de sentencia y otros).	Número de jueces no determinado.	Conocen asuntos de mayor complejidad: civiles, penales, laborales y familiares.
Juzgados de Paz	370 juzgados.	Número de jueces no determinado.	Mayoría unipersonales, pero también existen juzgados pluripersonales en algunos municipios.

Fuente: elaboración del autor.

CUADRO 5.2

JERARQUÍA DE LA CARRERA JUDICIAL EN GUATEMALA

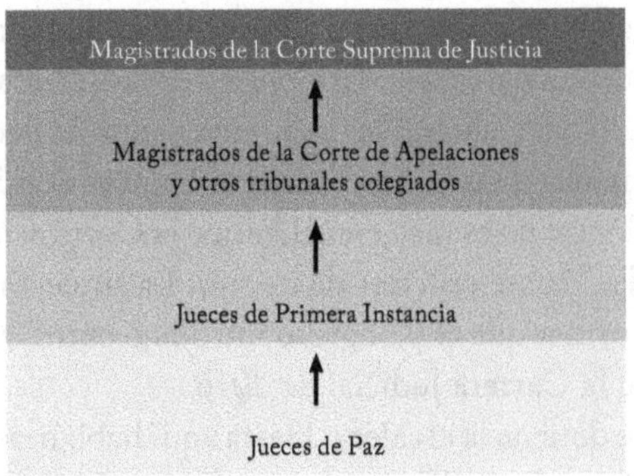

Fuente: esquema didáctico basado en la Constitución y en la Ley de la Carrera Judicial.

Una carrera de un solo peldaño

Para responder, pensemos en Susana, recién graduada de derecho y con la ilusión de convertirse en jueza. El camino comienza con un concurso de oposición convocado por el Consejo de la Carrera Judicial. Publican requisitos, abren inscripciones y cualquiera puede postularse. La decisión de cuándo abrir vacantes depende de las necesidades que identifiquen el Consejo de la Carrera Judicial y la Corte Suprema en función de las vacantes que haya en cada momento.

El proceso no es sencillo. Primero, el aspirante pasa una "auditoría social", donde cualquier ciudadano puede objetar a los aspirantes. Después vienen pruebas psicométricas, entrevistas y un curso de formación de al menos ocho meses en la Escuela de Estudios Judiciales. Solo quienes superan todo este recorrido ingresan en la lista de elegibles.

Con esa lista en mano, la Corte Suprema decide a quiénes nombra jueces de paz. Así empieza la carrera de Susana: jura el cargo, sirve cinco años y puede renovarse según su desempeño.

Si quiere subir al siguiente nivel —la judicatura de primera instancia— debe competir de nuevo. Su experiencia como jueza de paz le da cierta ventaja, aunque los abogados externos también pueden participar. El Consejo de la Carrera Judicial es el encargado de evaluar a los aspirantes, pero la decisión final queda en manos de la Corte Suprema. Y ahí es donde aparecen las distorsiones: no es raro escuchar que la Corte prioriza a "recomendados" sobre criterios de mérito. La situación se agravó tras las reformas que el Congreso introdujo entre 2021 y 2022 a la Ley de la Carrera Judicial de 2016.

Y ahí se detiene la escalera. Hasta aquí hablamos de carrera judicial; de aquí en adelante, lo que cuenta ya no es el mérito ni las evaluaciones, sino la política.

Para llegar a una Corte de Apelaciones o a la Corte Suprema, Susana tendría que pasar por un sistema de comisiones de postulación y, finalmente, por el Congreso de la República. Es decir, el salto depende de negociaciones políticas, pactos y alianzas.

¿Cómo va a ser independiente una jueza que sabe que en cinco años tendrá que volver a conseguir el voto favorable de los magistrados de la CSJ para continuar en el cargo?, ¿o para no ser trasladada a un lugar lejos de su domicilio? Son cuestiones que limitan severamente la independencia de los jueces.

Un modelo sin precedentes y con malos incentivos

Guatemala es —prácticamente— el único país de la región que, cada cinco años, reemplaza de un solo golpe a toda su Corte Suprema de Justicia (los 13 magistrados) y a más de 250 magistrados de la Corte de Apelaciones. El tablero se reinicia por completo: no hay continuidad institucional, y los incentivos se alinean con la supervivencia política, no con la construcción de jurisprudencia ni con la independencia judicial.

En ningún otro país de la región ocurre algo parecido. El Salvador renueva solo un tercio de su Corte Suprema de Justicia cada cierto tiempo, y sus magistrados permanecen en el cargo nueve años, de modo que cada tres años se reemplazan cinco de los 15 magistrados. En Costa Rica, los magistrados son elegidos por periodos de ocho años y su continuidad se confirma uno por uno según el plazo individual de cada magistrado. En Panamá ingresan dos nuevos cada dos años. México y Brasil optan por reemplazos graduales, cuando hay vacantes por jubilación o retiro. Y en Argentina —como en Estados Unidos— los magistrados permanecen en sus cargos mientras mantengan buena conducta, es decir, son nombrados de por vida. En todos estos modelos hay continuidad. Solo en Guatemala se borra todo el tablero cada cinco años.

La lógica de prestar atención al plazo por el cual es designado un magistrado de un alto tribunal, como la Corte Suprema de Justicia, es precisamente intentar alejar la política de la justicia, aunque es realmente difícil lograrlo. Al menos se busca sacarla del vaivén de la política electoral. En Estados Unidos, por poner un ejemplo, es bien recordado el caso de las elecciones de 2020, cuando el presidente Donald Trump mostró su frustración porque, durante su primer mandato, nombró a tres de los nueve magistrados de la Corte Suprema y no lograba entender por qué ellos no fallaban a su favor en los recursos que buscaban revertir los resultados. Sin duda, el cálculo político de magistrados de por vida les da más independencia. Aunque esto por sí solo no garantiza nada. Mientras escribo estas líneas, en 2025, es evidente que la política se ha metido en las altas cortes en Estados Unidos.

Ahora volvamos al caso guatemalteco. Nuestro diseño constitucional distorsiona de inmediato los incentivos. Un magistrado que fue designado para ocupar un asiento en la Corte Suprema de Justicia o en la Corte de Apelaciones sabe que solo dispone de cinco años. No piensa en construir jurisprudencia ni en fortalecer la independencia del tribunal; piensa en cómo sobrevivir políticamente. Desde el primer día empieza a tender puentes con diputados y operadores de poder, porque la reelección depende de ellos. Quien no tiene redes ni contactos sabe que está condenado a desaparecer del cargo al final del periodo.

El caso de las Cortes de Apelaciones es todavía más peculiar. En el resto de los países de la región, los magistrados de apelaciones forman parte de la carrera judicial: ascienden desde juzgados de primera instancia mediante procesos burocráticos de evaluación, mérito y trayectoria, como explicamos antes. En Guatemala, en cambio, también se eligen todos a la vez cada cinco años, y no por medio de la carrera, sino a través de un proceso político en el Congreso, usando el mecanismo de las comisiones de postulación (que explicaremos más adelante). Este diseño rompe cualquier posibilidad de continuidad o profesionalización, y convierte a cientos de jueces en piezas sujetas a la negociación política.

En Guatemala, un abogado puede estar un día en un bufete privado y al día siguiente encontrarse siendo magistrado de la CSJ.

De esa forma, los magistrados terminan fungiendo como actores políticos. Hacen política en sus fallos —especialmente en los que involucran a políticos y operadores—, pero también en los pasillos del Congreso, en las elecciones internas entre jueces, en el Colegio de Abogados y en las comisiones de postulación, donde tejen redes para asegurarse un lugar en la siguiente ronda de candidatos. El plazo más corto de toda la región se convierte así en la semilla de un desastre institucional: en lugar de independencia, dependencia; en lugar de continuidad, precariedad. El resultado es un círculo vicioso: un sistema que empuja a los jueces a depender de la política para sobrevivir. Donde otros países ofrecen estabilidad y carrera judicial, Guatemala ofrece incertidumbre y dependencia.

El gobierno judicial

Otro factor que merece atención es quién gestiona o administra al personal. Cuando pusimos el ejemplo de Susana, recordamos que en Guatemala existe un Consejo de la Carrera Judicial, encargado de evaluar a los aspirantes que desean ingresar o ascender en la corta y efímera carrera judicial del país. Sin embargo, la última palabra la tiene siempre la Corte Suprema de Justicia, que por diseño constitucional conserva la función de decidir sobre el personal.

No se trata solo de ingresar a la carrera judicial. Supongamos que Susana es de Huehuetenango y quisiera ser nombrada en un juzgado de su departamento o en alguno cercano. Pues bien, eso no depende de ella: la Corte Suprema tiene una amplia discreción para decidir a dónde envía a cada juez. No existe un mecanismo objetivo que garantice que quienes tienen mejores calificaciones puedan escoger primero su destino, como sí ocurre en otros países.

Además, la Corte Suprema administra también a la Corte de Apelaciones. Esta se divide en Salas, cada una integrada por tres magistrados titulares y dos suplentes. Su tarea principal consiste en revisar lo que ya resolvieron los jueces de primera instancia: confirmar, modificar o revocar esas decisiones. Pero no se limitan a revisar casos. También deben vigilar que los jueces cumplan con los plazos, mantener la disciplina en los tribunales de su distrito e intervenir, en el caso de las Salas penales, cuando en las prisiones se producen abusos o irregularidades.

Las Salas se organizan siguiendo dos criterios principales. El primero es geográfico: en principio, un conflicto que ocurre en Quetzaltenango debería resolverse allí y no en Alta Verapaz. El segundo tiene que ver con la naturaleza del caso: no es lo mismo discutir un despido laboral que enfrentar un proceso penal en el que alguien puede perder la libertad. Por eso existen Salas laborales, penales, de familia y otras, cada una especializada en un tipo de asuntos. Aunque en la práctica hay excepciones y matices, esta es la lógica general del sistema.

En la teoría, entonces, todo parece responder a una arquitectura pensada para garantizar orden y especialización. Sin embargo, en la práctica, este diseño refuerza todavía más el poder de la Corte Suprema, que no solo decide dónde trabajará cada juez, sino también cómo se organiza y quién integra cada Sala. Lo que podría leerse como una simple disposición administrativa se convierte en un instrumento de control político y disciplinario sobre toda la carrera judicial.

¿Cuál es el problema principal? Pensemos en 2024. Ese año, la Corte Suprema informó al Congreso que en el país existían 52 Salas de la Corte de Apelaciones. Eso significaba que el Congreso debía elegir 156 magistrados titulares (tres por cada Sala) y 104 suplentes (dos por cada Sala).

El 13 de octubre de 2024 los 13 magistrados de la Corte Suprema para el periodo 2024-2030 tomaron posesión de sus cargos. Al día siguiente emitieron un acuerdo donde, con absoluta discreción, decidieron a qué Sala iría cada uno de los 260 magistrados recién electos por el Congreso para un periodo de cinco años en la Corte de Apelaciones.

Al no existir parámetros objetivos, sino decisiones cargadas de política, la distribución se vuelve arbitraria. Así, un abogado experto en derecho de familia puede terminar en una Sala penal, o un especialista en derecho civil o comercial puede ser asignado a una Sala de niñez y adolescencia. Los que terminan pagando los platos rotos son los ciudadanos, que deben acudir a tribunales atendidos por magistrados que no necesariamente son competentes en las materias que les corresponden.

Un intento fallido por corregir las cosas

Para tratar de corregir estos problemas, en 2016 el Congreso aprobó una nueva Ley de la Carrera Judicial. La idea era sencilla: quitarle a la Corte Suprema de Justicia parte del control sobre jueces y magistrados, y dárselo al Consejo de la Carrera Judicial.

La lógica era que los magistrados de la Corte Suprema deberían dedicar su tiempo a resolver casos de gran impacto, no a decidir asuntos administrativos, como a qué juzgado enviar a un juez recién nombrado o si convenía trasladar a alguien como castigo encubierto.

No es una ocurrencia aislada: en muchos países ese tipo de funciones las cumplen órganos de gobierno judicial o consejos de la magistratura, que se crearon precisamente para separar la administración de la función de impartir justicia. La idea detrás de estos consejos es evitar que quienes deben impartir justicia al mismo tiempo tengan en sus manos el poder de disciplinar, trasladar o recompensar a sus colegas. De esa forma se busca reducir las presiones políticas externas y también las presiones internas propias de una estructura jerárquica demasiado vertical.

La ley de 2016 introdujo varios cambios importantes. Primero, convirtió al Consejo de la Carrera Judicial en un órgano más fuerte e independiente que el que existía bajo la ley de 1999. Segundo, le quitó a la Corte Suprema la potestad de decidir directamente sobre los nombramientos de jueces de paz y de primera instancia. En teoría, ahora era el Consejo el que debía manejar estos procesos con base en evaluaciones, concursos de oposición y cursos de formación.

Quizá el cambio más relevante fue en el tema de los traslados. Durante años, en Guatemala se utilizaron los traslados como un castigo para jueces incómodos: si un juez dictaba sentencias que no gustaban a los poderosos, la Corte podía mandarlo de repente a un juzgado lejano, difícil o inseguro. Con la nueva ley, esa discrecionalidad se reducía considerablemente: el Consejo debía justificar cada traslado por razones de servicio o aceptar los que solicitara el propio juez. El mensaje era que los traslados ya no podían usarse como garrote político.

Otro punto importante fue el de las Salas de la Corte de Apelaciones. Como hemos dicho, la Corte Suprema decide de manera arbitraria cómo integrarlas. Con la reforma, esa facultad pasó al Consejo de la Carrera Judicial, que debía hacerlo tomando en cuenta la especialidad de cada magistrado. La idea era que un experto en derecho laboral se quedara en una Sala laboral, un penalista en una Sala penal, y así sucesivamente. En teoría, esto aseguraba que los ciudadanos fueran atendidos por magistrados competentes en la materia.

Lamentablemente, en 2022 la Corte de Constitucionalidad (cc) declaró inconstitucionales varios de estos artículos. En la práctica, determinó que el Congreso no podía aprobar leyes que quitaran "competencias" a la Corte Suprema de Justicia para nombrar jueces y decidir el destino de los magistrados de apelaciones. Con ello, devolvió el poder a la Corte Suprema y desmanteló lo avanzado en 2016.

Pero el retroceso no terminó ahí. El Congreso, lejos de resistirse, se movió con inusual rapidez para reformar la ley y devolver las cosas exactamente a como estaban antes de 2016. La combinación del fallo de la cc y de la reforma legislativa restauró por completo el viejo sistema: discrecionalidad, arbitrariedad y control político.

Nota: para comprender la relación entre diputados y magistrados es clave entender el antejuicio. Ciertos funcionarios —como el presidente, el vicepresidente, los ministros, los diputados, los alcaldes y también jueces y magistrados— gozan de este privilegio. El antejuicio significa que no pueden ser procesados penalmente ni enviados a prisión sin que, antes, se tramite un procedimiento especial para retirarles la inmunidad. Según la Constitución y la Ley en Materia de Antejuicio, distintas autoridades conocen estos procesos: por ejemplo, el Congreso decide si retira la inmunidad al presidente, vicepresidente y a magistrados de la Corte Suprema de Justicia; la Corte Suprema de Justicia conoce los antejuicios contra diputados; y la Corte de Apelaciones los de alcaldes. De esa manera, el antejuicio no solo opera como garantía institucional, sino también como un mecanismo de poder, donde las redes políticas encuentran incentivos para llevarse bien y protegerse entre sí.

Pero continuemos con el tema. En la práctica, este retroceso devolvió el sistema al peor de los escenarios. El ejemplo más contundente se dio durante la breve magistratura de la CSJ que estuvo al frente entre 2023 y 2024, cuando en apenas 11 meses se ordenaron 125 traslados de jueces. Lejos de responder a criterios técnicos o a necesidades del servicio, muchos de estos cambios se interpretaron como castigos encubiertos o como maniobras políticas para debilitar a jueces incómodos. Casos emblemáticos, como el traslado del juez Marco Antonio Villeda del Juzgado de Extinción de Dominio tras 13 años de trabajo contra el crimen organizado, o la renuncia de la jueza Patricia Gámez, quien interpretó su traslado como un "despido indirecto con fraude de ley", ilustran con crudeza el problema.

En lugar de consolidar una carrera judicial basada en mérito y especialización, el sistema se convirtió nuevamente en un tablero donde los jueces son movidos a voluntad de los magistrados de turno. Así, la reforma de 2016, que parecía un paso, aunque pequeño, hacia la independencia judicial, terminó desmantelada; y con ella se desvaneció la posibilidad de un gobierno judicial menos dependiente de la política.

Pero esto es apenas la punta del iceberg. El núcleo de los problemas lo encontraremos en las comisiones de postulación.

Las famosas comisiones de postulación

En la política guatemalteca hay pocas palabras que despierten tantas pasiones como "comisiones de postulación". Su origen se remonta a un momento importante en la historia reciente del país: la transición hacia la democracia en 1983. Tras décadas de gobiernos militares y fraudes electorales, el régimen aceptó abrir espacio a la democracia. Y ese paso exigía una institución nueva: un Tribunal Supremo Electoral (TSE) capaz de garantizar elecciones limpias.

Pero surgía un problema evidente: ¿quién nombraría a los magistrados de ese tribunal? Si lo hacía el gobierno militar, nadie confiaría en ellos. La solución fue crear un mecanismo temporal, diseñado precisamente para sacar esa elección de la arena política: la primera comisión de postulación.

El decreto 30-83 estableció que esa comisión estaría integrada por un grupo reducido de autoridades académicas y profesionales:

- El rector de la Universidad de San Carlos de Guatemala (USAC).
- Un representante de los rectores de universidades privadas.
- Un delegado de la Asamblea de Presidentes de los Colegios Profesionales.
- El decano de Derecho de cada universidad que contara con esa facultad.

El cargo era honorífico, obligatorio y gratuito, con la intención de que la tarea se asumiera como un deber ciudadano. A juzgar por la experiencia, ese mecanismo de nombrar al Tribunal Supremo Electoral responsable de organizar las elecciones que nos llevaron a la apertura democrática fue exitoso. Lo discutiremos en el capítulo 7.

El trabajo de aquella primera comisión de postulación era, en apariencia, bastante sencillo. Estaba integrada apenas por siete personas, pues en ese momento existían solo cuatro facultades de Derecho en el país. La designación del representante del Colegio de Abogados era bastante simple, pues no había más de mil abogados colegiados en 1983. Los integrantes se reunían, deliberaban de manera informal sobre quién podía ser un buen magistrado del Tribunal Supremo Electoral, y se ponían de acuerdo para elaborar una lista de abogados que consideraban idóneos, preparados y honorables. Esa nómina era enviada a la Corte Suprema de Justicia, que a partir de ella elegía a los magistrados del TSE. Era un proceso breve, manejado entre pocos actores y sustentado más en la reputación personal que en procedimientos burocráticos. Con el tiempo, sin embargo, las reglas cambiaron, el número de actores creció y las comisiones dejaron de ser un espacio reducido de confianza para convertirse en un escenario mucho más complejo y politizado.

La Constitución de 1985 estableció que la Corte Suprema de Justicia tendría nueve magistrados. De ellos, cuatro eran electos directamente por el Congreso y cinco eran electos también por el Congreso, pero de una lista de 30 candidatos propuesta por una comisión de postulación. De esta manera, el modelo combinaba dos vías: la política directa y el filtro académico-profesional. La Corte de Apelaciones era nombrada a partir de propuestas de la propia Corte Suprema al Congreso y, fuera de ese esquema, cargos como el contralor general de cuentas o el procurador general de la nación, eran elegidos directamente por el Congreso o por el presidente. En ese diseño, las comisiones de postulación seguían siendo una rareza reservada a una parte de la Corte Suprema y al Tribunal Supremo Electoral.

La reforma de 1993, después del Serranazo, cambió el mapa. La Corte Suprema se amplió a 13 magistrados y, sobre todo, se estableció que todos debían provenir de una comisión de postulación, ya no solo una parte. Lo mismo ocurrió con la Corte de Apelaciones: ya no dependía de las propuestas de la Corte Suprema, sino de otra comisión que incluía a rectores, decanos, abogados y magistrados. Lo que había empezado como un mecanismo excepcional se transformó en la llave general para acceder a las más altas cortes.

Pero las comisiones no se quedaron allí. La ola de la reforma constitucional de 1993 las llevó también a instituciones que antes estaban fuera de su alcance. El contralor general de cuentas, que hasta entonces era electo libremente por el Congreso, pasó a ser escogido de una lista de seis candidatos elaborada por una comisión de postulación formada por rectores, decanos de contaduría y representantes de colegios profesionales. El Ministerio Público, que originalmente tenía un fiscal general designado directamente por el presidente de la República, este ya no podía nombrarlo de manera discrecional, sino de una nómina de seis candidatos propuesta por otra comisión de postulación presidida por la Corte Suprema e integrada por decanos y autoridades del Colegio de Abogados.

En menos de una década, el mecanismo que había nacido en 1983 para resolver un problema puntual —cómo garantizar un Tribunal Supremo Electoral creíble en medio de la transición democrática— terminó multiplicado y convertido en la regla para elegir a magistrados, fiscal general y contralor general de cuentas.

La promesa era sacar los nombramientos de las manos de los políticos y trasladarlos a órganos más "independientes", donde participaran universidades, colegios profesionales y el propio Poder Judicial. Pero con la expansión de 1993, las comisiones dejaron de ser una excepción virtuosa y se convirtieron en el centro mismo del poder de nombramiento en Guatemala.

El efecto fue paradójico. Lo que debía servir para blindar la independencia de las instituciones y sacar de la política, o de otros órganos de control, los nombramientos judiciales, terminó abriendo nuevas puertas de negociación: ahora la política ya no se jugaba solo en el Congreso o en la presidencia, sino también en algunas facultades, los colegios profesionales y las propias cortes. En vez de desaparecer, la influencia política se redistribuyó en más espacios, muchas veces más opacos que los anteriores. Y por qué no decirlo, intereses oscuros y el crimen organizado se han logrado infiltrar en el proceso.

Auge y caída de las comisiones de postulación

Las comisiones de postulación, como decíamos, fueron concebidas como un filtro de honor: un espacio en el que los pares escogían a quienes debían ocupar los altos cargos judiciales. No se pensaron, en un inicio, como un mecanismo de evaluación detallada ni mucho menos como un concurso donde se asignaban punteos a los postulantes.

Así fue la elección de la primera Corte Suprema de Justicia bajo la Constitución actual, en 1986, durante el primer gobierno democrático. El Congreso convocó el 16 de enero; el Colegio de Abogados celebró su asamblea el 27 de enero y, al día siguiente, comunicó los nombres de sus cuatro delegados que integrarían la comisión. La comisión se instaló el 30 de enero a las 10:00 a.m. y apenas cuatro días después, el 3 de febrero al mediodía, entregó al Congreso la nómina de 30 candidatos a magistrados de la Corte Suprema de Justicia.

No fue un concurso de méritos con rúbricas ni audiencias públicas; fue una nominación entre pares. Una mesa chica: cuatro decanos (USAC, Universidad Rafael Landívar, Universidad Mariano Gálvez y Universidad Francisco Marroquín), cuatro representantes del Colegio de Abogados y un delegado del Organismo Judicial. Se sentaron, propusieron nombres de juristas conocidos y cerraron rápidamente la lista. Pocos actores, pocos días, poca ceremonia. Los integrantes de la mesa, por su prestigio, decidían quiénes eran los abogados considerados idóneos para ocupar estos puestos. ¿Cómo comparar esto con las millonarias campañas que vimos en 2024, con más de 15 mil votantes y 10 planillas?

Después vino la reforma constitucional de 1993 y, con ella y con los años, la mesa se hizo más grande. El artículo 215 de la Constitución reformado dispuso que la comisión fuera mucho más amplia: un representante de los rectores de universidades —que la preside—, todos los decanos de las facultades de Derecho del país, y un número igual de representantes del Colegio de Abogados y de magistrados de apelaciones.

Cuando se aprobó la Constitución existían apenas cuatro facultades de Derecho. Para finales de 2024 ya eran 12. Lo importante no es solo el número en abstracto, sino el efecto multiplicador que la propia Constitución impone. El artículo 215 establece que a los decanos de las facultades de Derecho debe corresponder un número equivalente de representantes del Colegio de Abogados y Notarios de Guatemala (CANG) y otro igual de magistrados de apelaciones. Eso significa que si de cuatro facultades pasamos a 12, automáticamente la comisión también suma 12 representantes del CANG y 12 magistrados. La mesa, que en 1986 tenía nueve integrantes, en 2024 ya se convirtió en una asamblea de 37. Y cada nueva facultad que aparezca no solo agrega un decano, sino que arrastra consigo dos asientos adicionales. Es una geometría constitucional que garantiza que conforme crezca la oferta académica en derecho, crecerá también el tamaño y la complejidad de las comisiones.

Conviene dejar claro, porque puede resultar confuso, que no existe una sola comisión de postulación. La Constitución prevé dos para altas cortes: una para elegir a los magistrados de la Corte Suprema de Justicia (artículo 215 constitucional) y otra para los magistrados de la Corte de Apelaciones y tribunales colegiados (artículo 217 constitucional). Su integración es casi idéntica —un rector que la preside, todos los decanos de Derecho, un número equivalente de representantes del Colegio de Abogados y otro igual de magistrados—, pero con una diferencia clave: en la comisión de la Corte Suprema participan magistrados de la Corte de Apelaciones, mientras que en la comisión de la Corte de Apelaciones participan magistrados de la Corte Suprema. Esa simetría crea un círculo de favores cruzados: unos eligen a los otros, y viceversa.

CUADRO 5.3

Comisión de Postulación para la Corte de Apelaciones (Art. 217 de la Constitución, ejemplo con 12 facultades)

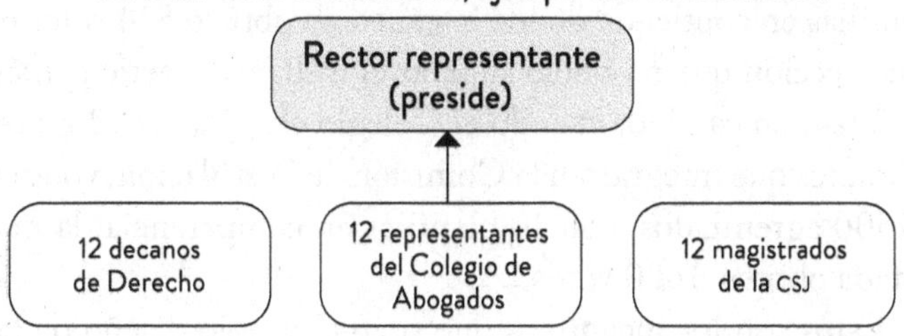

CUADRO 5.4

Comisión de Postulación para la Corte Suprema de Justicia (Art. 215 de la Constitución, ejemplo con 12 facultades)

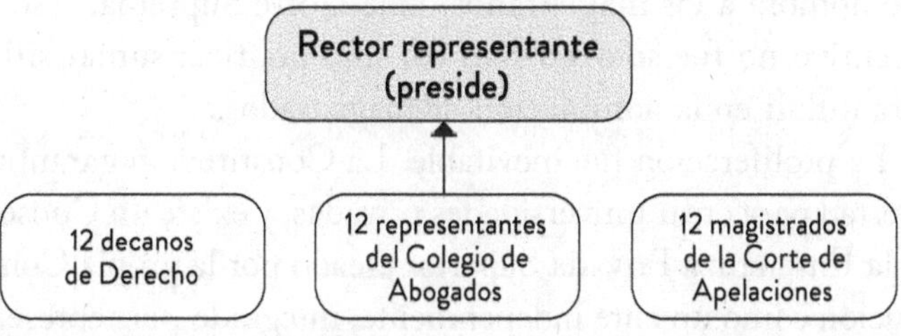

Hay que prestar atención a la mecánica de listas. La comisión de la Corte Suprema envía al Congreso una lista de

26 candidatos, de la cual el Congreso elige a 13 magistrados. En cambio, la Comisión de Apelaciones confecciona una nómina en función del número de salas que disponga la Corte Suprema. Para la elección de 2024 (periodo 2024-2029) había 52 salas, con lo cual la comisión envió 312 candidatos; el Congreso eligió 156 titulares y 104 suplentes.

Del club de notables a las campañas masivas

El gremio de abogados también cambió radicalmente. Si, como decíamos, en 1986, el Colegio eligió a sus cuatro representantes en una asamblea que no duró más de tres horas, con solo dos planillas en contienda donde la ganadora obtuvo 524 votos en una elección que no debió superar el millar de participantes, en 2024, en cambio, cuando el Colegio eligió a los 12 representantes que integrarían la Comisión de Postulación, votaron 15 500 agremiados, con 10 planillas en competencia; la más votada obtuvo 3 600 votos.

Estos son los incentivos que trajo el propio diseño de las comisiones después de 1993. Muchos jugadores entendieron pronto lo rentable que era abrir universidades con facultades de Derecho. El simple hecho de existir como facultad otorgaba automáticamente un asiento en la Comisión de Postulación que nombra a los magistrados de la Corte Suprema. Así, el incentivo no fue solo académico, sino político: sumar sillas para influir en la nominación de magistrados.

La proliferación fue inevitable. La Constitución garantiza libertad para crear universidades privadas, y existe un Consejo de la Enseñanza Privada Superior creado por la propia Constitución como un ente independiente, integrado por representantes de la USAC, de las universidades privadas y de los colegios profesionales. En teoría, su función es velar por el nivel académico de las universidades privadas y autorizar la creación de nuevas. En la práctica, sin embargo, rara vez ha operado como un filtro efectivo de calidad.

El resultado es una avalancha de facultades de Derecho: algunas excelentes, que forman abogados competentes, y otras que ni siquiera cumplen con ese rol, limitándose a ofrecer diplomados o a graduar centenares de estudiantes al año sin mayores estándares. Para ciertas universidades lo importante, en términos de poder, no es la calidad, sino la cantidad de títulos que extienden, lo que, además, les permite controlar votos y espacios en la comisión.

El segundo canal es el Colegio de Abogados. La colegiación profesional es obligatoria y el Colegio nunca se interesó demasiado en velar por la calidad de la profesión. Basta con presentar un título emitido por alguna universidad local para colegiarse. Eso significa que mientras más graduados tenga una facultad, más fuerza electoral acumula su red dentro del Colegio. En la práctica, abrir facultades de Derecho no solo garantiza un asiento en la comisión, sino que también asegura más votos gremiales para elegir representantes del Colegio.

Vasos comunicantes. Así, las comisiones de postulación y el Colegio de Abogados se convirtieron en vasos comunicantes: las universidades producen abogados, los abogados engrosan el padrón del Colegio, y ese padrón define quién se sienta en la mesa que nomina a los magistrados. Algunos magistrados, una vez en el cargo, mantienen redes de "votantes" en el Colegio de Abogados que, a su vez, garantizan asientos en las comisiones de postulación que aseguran que los nombres de magistrados de sus redes terminen incluidos en esas listas.

Las redes en el Colegio de Abogados

El Colegio de Abogados y Notarios de Guatemala, el famoso CANG, se fue convirtiendo en un centro de poder. El resultado del modelo de comisiones de postulación fue que la llave de la justicia pasó a un circuito cerrado donde todo quedaba en familia: abogados proponiendo abogados para seleccionar a otros abogados.

El gran salto vino con el Frente Republicano Guatemalteco (FRG). A inicios de los 2000, con Ríos Montt moviendo los hilos desde el Congreso para garantizar su candidatura presidencial en las elecciones de 2003, el partido entendió que si quería blindar al caudillo y controlar las cortes, necesitaba controlar al CANG. Por eso impulsó el Decreto 72-2001, una nueva Ley de Colegiación Profesional Obligatoria que sustituyó a la de 1991. La excusa era modernizar y descentralizar; el efecto fue multiplicar el peso político del gremio.

La nueva ley obligó a las universidades a remitir semestralmente las listas de egresados, inflando el padrón casi de manera automática. De pronto, cada nuevo título era también un voto. Se creó el Tribunal Electoral de los colegios profesionales, con reglas detalladas: elecciones en todo el país, mesas en cada cabecera departamental con al menos 20 abogados, voto secreto, segunda vuelta, jornadas simultáneas. Desde entonces las elecciones gremiales dejaron de ser rituales de salón y se convirtieron en contiendas nacionales.

Antes, cuando el padrón era reducido y se concentraba en la capital, bastaba con controlar las asambleas en la zona 1 o la zona 10. Pensemos que, para 1983, no había más de mil abogados colegiados, y para 1993 el número apenas rondaba los 2300. Las "elecciones" o asambleas del Colegio de Abogados para elegir a su Junta Directiva o a los delegados en las comisiones de postulación se celebraban únicamente en la Ciudad de Guatemala.

Después de 2001, a raíz de la nueva ley, la política del Colegio se volvió territorial. Había que operar en Quetzaltenango, Cobán, Escuintla y Huehuetenango. Muy pronto aparecieron operadores con buses y planillas, desayunos y rifas, cursos y diplomas: anzuelos para amarrar lealtades.

CUADRO 5.5

Número de colegiados activos en el Colegio de Abogados y Notarios de Guatemala y colegiados por cada 100 mil habitantes

Año	Colegiados activos estimados	Colegiados por cada 100 mil habitantes
1983	969	13
1986	1301	16
1993	2341	24
2001	4389	37
2002	4827	39
2003	5317	42
2004	5931	46
2005	6703	51
2006	7506	56
2007	8344	61
2008	9220	66
2009	10199	72
2010	11339	78
2011	12622	85
2012	14500	96
2013	16378	106
2014	18069	115
2015	19761	124
2016	21867	134
2017	24270	146
2018	26478	157
2019	28719	168
2020	30236	174
2021	32341	184
2022	34820	195
2023	37516	207

Año	Colegiados activos estimados	Colegiados por cada 100 mil habitantes
2024	40 819	222
2025* (hasta julio)	41 232	220

* El número de colegiados activos es un estimado basado en datos verificados del CANG sobre colegiaciones anuales. Este total incluye profesionales de carreras afines, sin un desglose detallado por año para estas disciplinas. A agosto de 2025, de los 41 232 colegiados activos, 5 272 (12.78%) corresponden a carreras afines como Sociología, Ciencias Políticas y Relaciones Internacionales.
Fuente: esquema de elaboración del autor con datos del Colegio de Abogados y Notarios.

Algunos entendieron enseguida lo rentable que era abrir facultades de Derecho, aunque no tuvieran egresados; lo importante no eran los estudiantes, sino tener un decano con voto en las comisiones de postulación. Entre 1990 y 2010 el número de universidades privadas se triplicó: de cuatro facultades pasaron a 11 (hoy son 12), y con ellas surgieron decanatos creados únicamente para engordar cuotas de poder.

CUADRO 5.6
Universidades con Facultad de Derecho a 2025
y año de fundación de la facultad

Universidades con Facultad de Derecho a 2025	Año de fundación de la Facultad de Derecho
Universidad de San Carlos de Guatemala (USAC)	1676
Universidad Rafael Landívar (URL)	1961
Universidad Mariano Gálvez (UMG)	1966
Universidad Francisco Marroquín (UFM)	1971
Universidad Rural	1995
Universidad Panamericana (Upana)	1998

Universidades con Facultad de Derecho a 2025	Año de fundación de la Facultad de Derecho
Universidad Mesoamericana	1999
Universidad del Istmo (Unis)	2001
Universidad San Pablo de Guatemala (USPG)	2006
Universidad de Occidente (Udeo)	2010
Universidad da Vinci	2008
Universidad Regional de Guatemala (URG)	2016

Fuente: elaboración del autor.

El FRG lo comprendió a la perfección. También lo hicieron los llamados "poderes emergentes". Durante años, agudos periodistas de investigación se fascinaron con los operadores del CANG y comenzaron a investigar sus métodos y sus redes. Uno en particular se volvió icónico por sus redes, sus fiestas y las becas que ofrecía para cursar másteres en Sevilla: estudios que se convirtieron en pasaporte político para jueces y abogados que, a su regreso, aparecían mejor posicionados en las comisiones de postulación. Todo ello transformado en capital político.

Otros grupos, menos sofisticados, pero igual de efectivos, utilizaron lo académico y lo social como mecanismos de reclutamiento: desayunos con diploma y cursos exprés que servían como moneda de cambio en las tablas de gradación con las que se "calificaba" a los aspirantes a magistrados. En pocas palabras, las elecciones en el Colegio de Abogados de Guatemala reproducen muchos de los patrones de las elecciones generales: patronazgo, clientelismo y pintorescos eventos de campaña que incluyen regalos en especie —en algunos casos hasta botellas de licor etiqueta negra—. Se invierten miles de quetzales en actividades realizadas en hoteles, restaurantes y otros espacios similares.

De esta manera se consolidó un triángulo que sigue vigente: algunas universidades, Colegio y Estado. Las universidades producen graduados y decanos; el Colegio los moviliza como electores y representantes; y las instituciones públicas reparten cargos y presupuesto. Es un ciclo cerrado, en el que la "apoliticidad" proclamada por la ley solo sirve de velo para encubrir la competencia por cuotas de poder.

La paradoja es evidente. La colegiación, concebida para dignificar la profesión, terminó convirtiendo a cada abogado en ficha electoral. La descentralización, pensada para democratizar, se volvió terreno fértil para operadores territoriales. La promesa de honorabilidad se tradujo en planillas, pactos y buses llenos de votantes. El CANG dejó de ser un simple gremio: se transformó en un parlamento paralelo donde se decide quién juega, bajo qué reglas, y quién será el árbitro de las disputas mayores del país.

Por supuesto, hay jugadores con ética y voluntad de hacer las cosas correctamente. Pero por cada decano o planilla con intenciones genuinas, hay redes de operadores cuyo trabajo a tiempo completo es garantizar cuotas de poder. Y lo hacen siguiendo la lógica básica de la política: beneficios concentrados, costos dispersos.

No es un problema moral, es estructural. Si uno quiere entenderlo, debe mirar primero los incentivos. El sistema nació como un espacio donde las comisiones decidían a discreción de un grupo reducido de notables. Cuando otros jugadores, con incentivos más agresivos, entendieron el juego, ya era demasiado tarde: el mecanismo entero se había transformado.

Además, el CANG nunca fue un espacio pensado para velar por la calidad de los abogados. En Estados Unidos, por ejemplo, la barra estatal fija estándares para las escuelas de Derecho y exige exámenes rigurosos: ética profesional, materias básicas, control de conflictos de interés. En Guatemala no ocurre así. Aquí, un título de una facultad exigente vale lo mismo que el de una universidad sin estándares; y un doctorado de cartón tiene el mismo peso que uno de la universidad más prestigiosa y mejor ranqueada del mundo a la hora de asignar puntajes a los aspirantes a magistrados en las comisiones de postulación. El Tribunal de Honor y el Código de Ética son, en la práctica, piezas decorativas: casi nunca se ve a un abogado perder su "licencia" por faltas graves.

Los conflictos de interés, lejos de prevenirse, están normalizados e incluso avalados constitucionalmente. Magistrados suplentes de la Corte de Apelaciones pueden seguir ejerciendo como abogados privados, asesores de entidades del Estado o de municipalidades. Y cuando son llamados a integrar una Sala, deciden sobre casos en los que pueden tener intereses creados. Lo mismo ocurre en la Corte de Constitucionalidad o en el Tribunal Supremo Electoral. Un juez, por definición, debería ser imparcial. Pero aquí se acepta que juez y abogado convivan en la misma persona.

Peor aún, cada cinco años se renuevan simultáneamente los 13 magistrados de la Corte Suprema de Justicia y más de 250 magistrados de la Corte de Apelaciones. Esto significa que, en la misma temporada, sesionan dos comisiones de postulación: una para la Corte Suprema y otra para las Cortes de Apelaciones.

En la comisión que elabora la nómina de candidatos para la Corte Suprema participan 12 delegados de la Corte de Apelaciones. Al mismo tiempo, en la comisión que confecciona la lista de más de 300 aspirantes a las Cortes de Apelaciones se sientan 12 delegados de la Corte Suprema de Justicia.

Así, se crea un círculo de intereses cruzados: los magistrados de apelaciones tienen incentivos para favorecer a los de la Corte Suprema, esperando ser incluidos en su lista, mientras que los magistrados de la Corte Suprema hacen lo propio en la comisión para Apelaciones. En la práctica, se instala una dinámica de trueque: "Yo te incluyo en mi nómina si tú me incluyes en la tuya".

Un parche: la Ley de Comisiones de Postulación

En 2009, presionado por la conmoción social tras el asesinato de un abogado de alto perfil, el Congreso aprobó varias leyes, entre ellas, la Ley de Comisiones de Postulación dentro de una agenda "protransparencia". La intención era abrir el trabajo de las comisiones y anclar sus decisiones en parámetros objetivos. Al menos, esa era la promesa.

La crítica ciudadana, hasta entonces, era que las sesiones de las comisiones de postulación eran secretas o no estaban lo suficientemente abiertas al público y se desconocían los criterios usados para integrar las nóminas. La ley introdujo mejoras importantes, como la publicidad de las sesiones. Gracias al trabajo de organizaciones de observación, hoy cualquiera puede seguir en directo y en tiempo real lo que deliberan las comisiones.

Pero el corazón de la reforma fue crear un mecanismo de "evaluación" por puntajes: cada aspirante es calificado por méritos académicos, profesionales, éticos y de proyección humana. Sobre el papel, suena bien. En la práctica, se volvió una coreografía burocrática.

En cada ciclo aparece un desfile de diplomas y de títulos académicos. Muchos aspirantes presumen doctorados o posgrados de estándares dudosos, pero un título es un título y dispara la nota académica al máximo. El diseño incentiva acumular papeles y la inflación de titulaciones, no demostrar idoneidad real.

A esto se suma que los comisionados no tienen inmunidad por sus opiniones y votos. ¿Quién se arriesga a cuestionar públicamente la "honorabilidad reconocida" de un candidato? El costo es personal: denuncias, querellas, represalias en su ejercicio profesional. Al fin y al cabo, los comisionados hacen su trabajo sin remuneración, y al terminar su servicio para la comisión de postulación deben volver al ejercicio profesional.

En la elección de fiscal general de 2022, por ejemplo, cuando se señaló el posible plagio de una tesis de la candidata a fiscal general, Consuelo Porras, ella "advirtió" a la comisión que no tenía "competencias" para pronunciarse de fondo sobre el posible plagio de la tesis y que podían "enfrentar consecuencias" si lo intentaban. Así, el mandato legal de valorar honorabilidad queda desarmado en la práctica.

El absurdo mayor aparece con el proceso para designar magistrados de la Corte de Apelaciones. La Constitución ordena enviar al Congreso una nómina con el doble de candidatos de las plazas a elegir. En 2024 había 52 salas: eso implicaba elegir 156 titulares y 104 suplentes; la comisión debía remitir 312 nombres al Congreso.

Ahora miremos el reloj. Según el cronograma fijado por la propia comisión, hubo apenas 22 días efectivos entre el cierre de recepción y el inicio de las votaciones para revisar casi mil expedientes: verificar requisitos, depurar papelería, admitir o excluir, y "evaluar" a centenares de aspirantes. ¿Entrevistas? ¿Conocimiento real de trayectorias? Imposible. Las votaciones se vuelven interminables, y el proceso, inviable en términos humanos. No hay manera sensata de que funcione un sistema que exige celeridad masiva y, a la vez, juicios cualitativos finos sobre idoneidad y honorabilidad.

En suma, la ley corrigió la opacidad, pero terminó por institucionalizar un simulacro de mérito. Es el terreno propicio para operadores con intereses espurios, mientras que los comisionados bien intencionados, en el mejor de los casos, apenas pueden ejercer control de daños.

Acusaciones de corrupción

El estreno de la Ley de Comisiones de Postulación en 2009 coincidió con la llegada, poco tiempo antes, de un actor inesperado en la política guatemalteca: la Comisión Internacional contra la Impunidad en Guatemala (CICIG). Creada por un acuerdo con las Naciones Unidas, su mandato era peculiar y sin precedentes: investigar y desarticular las redes clandestinas incrustadas en el Estado.

En 2009 tocaba renovar la Corte Suprema de Justicia. Las comisiones de postulación enviaron al Congreso una nómina de 26 candidatos, y los diputados eligieron a los 13 magistrados para el periodo 2009-2014. Todo parecía ir en orden: con la nueva ley en vigor, las audiencias de la Comisión de Postulación se transmitieron, hubo listas de puntuaciones de los aspirantes, los expedientes estaban abiertos al público, entre otras cosas.

Pero un día antes de la elección final en el Congreso, la CICIG encendió la alarma. Su comisionado, Carlos Castresana, denunció que varios de los aspirantes incluidos en la lista no reunían las condiciones de honorabilidad que exige la Constitución. Habló de magistrados con denuncias disciplinarias por retardar juicios, de vínculos abiertos de candidatos a magistrados con partidos políticos, de resoluciones que favorecían a personajes cuestionados de alto perfil, y hasta de conflictos de interés por negocios con el Estado. La advertencia era que, si esos nombres llegaban a la Corte Suprema, la credibilidad del máximo tribunal quedaría en entredicho.

El Congreso ignoró la advertencia inicialmente y el 30 de septiembre eligió a los 13 magistrados, incluyendo a seis de los señalados. La reacción fue inmediata y organizaciones sociales denunciaron la elección como un fraude; la relatora de la Organización de las Naciones Unidas (ONU) sobre independencia judicial advirtió que Guatemala estaba violando los estándares básicos y Ban Ki-moon, secretario general de ese organismo, pidió públicamente al Congreso rectificar. Por primera vez en décadas, la elección de la Corte Suprema era noticia internacional.

Frente a esa tormenta, algunos abogados acudieron a la Corte de Constitucionalidad y plantearon un amparo. Su argumento era claro: el Congreso había elegido a los 13 magistrados de la Corte Suprema sin cumplir lo que manda la Constitución. No bastaba con levantar la mano y votar; antes de elegir, los diputados estaban obligados a discutir públicamente, uno por uno, si los candidatos cumplían con los requisitos de idoneidad y honorabilidad. Esa discusión nunca ocurrió. En su lugar, los diputados se limitaron a leer la lista y votar en bloque, como si fuera un trámite cualquiera.

El reclamo, entonces, no era una pregunta inocente, sino una acusación directa: la elección era inconstitucional porque se hizo sin examinar a los aspirantes de manera transparente. La Corte recogió ese alegato y se enfrentó a un dilema. Podía anular toda la elección —lo que habría significado dejar al país sin Corte Suprema a pocos días de que venciera el periodo anterior—, o podía avalarla sin más, sacrificando la exigencia constitucional. Optó por una salida intermedia.

El 2 de octubre de 2009 la CC concedió un amparo provisional y ordenó algo inédito: el Congreso debía abrir un plazo de tres días para que cualquier ciudadano presentara denuncias con pruebas sólidas contra los magistrados recién electos. Si las denuncias tenían fundamento, el Pleno debía reunirse de inmediato, en sesión pública y sin interrupciones, para decidir si sustituía a los señalados por otros de la misma nómina. Era, en la práctica, una segunda ronda correctiva. La Corte no tumbaba la elección, pero tampoco la bendecía: obligaba al Congreso a rectificar.

Bajo la presión ciudadana y con el aval de la Corte de Constitucionalidad, los diputados decidieron rectificar. Las denuncias ciudadanas y los informes de la CICIG sirvieron de base para sustituir a tres magistrados por otros candidatos de la lista. No se depuró a todos los señalados, pero la corrección se presentó como un triunfo cívico: por primera vez, la sociedad civil y un organismo internacional habían forzado al Congreso a corregir su actuar en una elección de la Corte Suprema.

Pero esto fue poco comparado con el terremoto del fiscal general en 2010. La secuencia empezó igual que siempre: la comisión de postulación armó la lista de seis aspirantes y el presidente Álvaro Colom eligió al fiscal general como nuevo jefe del Ministerio Público. El trámite parecía cumplido. Pero esta vez la rutina no duró ni un mes.

Ya en las semanas previas había señales de alerta: se había alegado que la comisión de postulación había aprobado su nómina de fiscal general sin discutir a fondo las tachas (señalamientos) ni examinar en serio el requisito de "reconocida honorabilidad". Era una lista que cumplía la forma, pero no despejaba la duda de fondo: ¿quiénes de esos candidatos tenían la independencia y la integridad para conducir la persecución penal?

La bomba estalló el 7 de junio. Carlos Castresana renunció a la CICIG y denunció públicamente que el Estado no estaba cumpliendo con el acuerdo que le daba vida a la Comisión. Y fue más lejos: pidió la destitución inmediata del recién nombrado fiscal general, acusándolo de vínculos con redes criminales.

La crisis era total. Tres días después, el 10 de junio, la Corte de Constitucionalidad dio un paso sin precedentes y anuló todo el proceso de designación de fiscal general y ordenó repetirlo desde el inicio, incluso retrocediendo hasta la convocatoria de la comisión. De hecho, cesó al fiscal general elegido por Álvaro Colom, que estaba ya en el cargo, y restituyó de manera interina a María Mejía García, que ya venía cubriendo la salida de Amílcar Velásquez Zárate. Era como pulsar el botón de reinicio en medio de la tormenta.

Fue un golpe a la legitimidad del sistema de postulación, y una confirmación de que el sistema no estaba funcionando a pesar de la nueva Ley de Comisiones de Postulación.

Podríamos seguir con más historias, pero basta recordar la frase lapidaria de la exvicepresidenta Roxana Baldetti en 2014, cuando reconoció que ese año la elección de la Corte Suprema se había negociado en la suite de un hotel, repartiendo cuotas de magistrados alrededor de una cama.

El proceso de 2019 confirmó hasta qué punto el modelo había llegado a la degeneración. La elección fue suspendida una y otra vez: primero porque no se respetó la forma de elegir representantes para la comisión, luego porque el Consejo de la Carrera Judicial no cumplió con hacer las evaluaciones del desempeño para jueces y magistrados, y finalmente porque el Ministerio Público reveló reuniones entre comisionados y un operador político procesado. La fiscal general, Consuelo Porras, presentó un amparo ante la Corte de Constitucionalidad, que intervino de nuevo, ordenó revisar la idoneidad de los candidatos y dejó en suspenso las designaciones. Ordenó al Congreso asegurarse de que los magistrados que designarían no fueran aquellos "sorprendidos" visitando al operador político señalado durante las investigaciones por supuesta manipulación en la designación de cortes. El resultado fue que los magistrados cuyo periodo vencía en 2019 permanecieron en sus cargos durante casi cuatro años más, pues el Congreso no tenía intención de elegirlos en esas circunstancias. La Corte Suprema no se renovó hasta 2023, una prórroga forzada que terminó de exhibir la crisis del sistema.

Para corregir la justicia hay que modificar la Constitución

El sistema de justicia en Guatemala es un engranaje roto, atrapado en un diseño constitucional que, lejos de garantizar independencia, fomenta dependencia, precariedad, la manipulación y los conflictos de interés. Los periodos cortos de los magistrados, la renovación total de las cortes cada cinco años, la concentración del poder administrativo en la Corte Suprema y el modelo disfuncional de las comisiones de postulación no son defectos aislados: son piezas de un rompecabezas que, mal ensamblado, perpetúa la fragilidad de nuestra democracia. Gran parte de esto está en la Constitución, entre los artículos 203 y 222.

No es un problema nuevo. Desde el rechazo a la reforma constitucional de 1999, tras los Acuerdos de Paz, la conciencia de esta crisis ha estado presente, pero la voluntad para enfrentarla sigue ausente.

Cambiar este panorama exige más que parches legislativos. Una reforma constitucional profunda es el primer paso para construir una carrera judicial basada en el mérito, con jueces protegidos de presiones políticas y un sistema disciplinario que sancione la corrupción o la incompetencia sin miramientos. No se puede hablar ni construir carrera judicial con el actual diseño constitucional.

Ahora bien, la Constitución no es una varita mágica. Cualquier cambio debe ir acompañado de instituciones robustas, procesos transparentes y una ciudadanía vigilante que exija rendición de cuentas.

En el corazón de esta transformación está el gremio de los abogados. No habrá justicia sólida mientras la profesión tolere la mediocridad, la falta de ética o la convivencia con intereses oscuros.

La situación de la justicia es crítica. Y los números lo confirman: aproximadamente 48% de las personas privadas de libertad está en prisión preventiva, esperando sentencia; en no pocos casos se trata de procesos con motivación política. Esto choca de frente con la promesa constitucional de presunción de inocencia, debido proceso y protección de la libertad como regla general.

También hemos visto persecución penal contra periodistas por su actividad. Quizá el caso más elocuente sea el de 12 columnistas del extinto *elPeriódico*, a quienes se intentó criminalizar desde 2022 por el contenido de sus publicaciones en el marco del proceso contra el periodista José Rubén Zamora. La promesa de libertad de expresión de nuestro artículo 35 constitucional es papel mojado.

Peor aún, se ha abusado en los últimos años de la reserva de actuaciones penales por largos periodos. Así, expedientes y pruebas quedan fuera del escrutinio público y, en ocasiones, ni siquiera son plenamente accesibles para las propias personas acusadas. Es una justicia kafkiana, como en la cita que abre este capítulo.

Universidades y colegios profesionales deben asumir su responsabilidad: formar abogados con estándares éticos y académicos inflexibles, capaces de dignificar una profesión hoy desprestigiada. Este no es solo un desafío para el Estado o las cortes; es una tarea colectiva que nos convoca a todos —jueces, abogados, académicos y ciudadanos— a reconstruir un sistema de justicia que no sea un obstáculo, sino un pilar para la democracia y el desarrollo de Guatemala. Solo así podremos convertir la indignación de hoy en esperanza: un país donde la ley sea, verdaderamente, igual para todos.

CUADRO 5.7
Resumen de reformas mínimas

Problema	Reforma mínima propuesta
Renovación total cada cinco años y reelección que politiza la CSJ	Mandatos más largos (p. ej., nueve años), sin reelección y con renovación parcial por tercios en la CSJ.
La Corte Suprema concentra el gobierno judicial y los nombramientos	Trasladar funciones administrativas y disciplinarias a un consejo de la magistratura autónomo.
La Corte de Apelaciones designada políticamente	Integrar apelaciones a la carrera judicial: ascensos por mérito y evaluación, fuera de las comisiones.

Problema	Reforma mínima propuesta
Comisiones de postulación capturadas	Replantearlas. Si acaso se mantienen, reconsiderar integrantes, funciones acotadas y audiencias públicas.
Suplentes y doble sombrero	Eliminar suplentes y exigir dedicación exclusiva a tiempo completo; asignación por especialidad (penal, civil, familia, laboral, etc.).

Fuente: elaborado por el autor.

6

LA CORTE DE CONSTITUCIONALIDAD

> No hay principio más evidente que este: todo acto de una autoridad delegada que exceda los límites del poder que se le ha otorgado es nulo. Por lo tanto, ninguna ley que contradiga la Constitución puede tener validez. Negar esto equivaldría a sostener que el representante es superior a quien lo representa; que el servidor está por encima de su amo; que los representantes del pueblo son más importantes que el propio pueblo; que quienes ejercen un poder pueden no solo hacer lo que no se les ha autorizado, sino incluso lo que se les ha prohibido.
>
> ALEXANDER HAMILTON,
> *El Federalista*, núm. 78

En el capítulo 2 dijimos que un principio básico de una Constitución moderna es que esta es la norma suprema. Ninguna autoridad ni ninguna norma, ni siquiera una ley aprobada por el Congreso, puede estar por encima de la Constitución. En ese sentido, cabe preguntarnos: ¿quién es el guardián de la Constitución?, ¿quién garantiza que se respete? En teoría, todos los funcionarios están obligados a cumplirla. El problema es que los propios funcionarios —o incluso las leyes— pueden violar disposiciones constitucionales. De allí surge la pregunta de fondo: ¿cómo asegurarnos de que la Constitución se cumpla realmente?

La respuesta, al menos en el papel, es la Corte de Constitucionalidad: un tribunal especial encargado de velar por que los distintos órganos del Estado respeten la Constitución. Un par de ejemplos lo ilustran.

En 2023 Guatemala estuvo al borde de un quiebre constitucional. El Ministerio Público y un juez penal intentaron suspender al partido que había pasado a la segunda vuelta presidencial, Movimiento Semilla, cuestionar las credenciales de sus candidatos electos y sembrar dudas sobre el proceso electoral. La consecuencia era clara: abrir la puerta para impedir la toma de posesión del presidente electo. Después de meses de incertidumbre —la segunda vuelta fue en agosto y el cambio de mando debía celebrarse el 14 de enero de 2024—, fue necesaria la intervención de la Corte. Con un amparo que nos concedió a un grupo de ciudadanos, ordenó al Congreso garantizar la transmisión de mando en la fecha prevista por la Constitución. Sin ese fallo, el país pudo haber amanecido el 14 de enero en un vacío de poder. La Corte, pese a las críticas, defendió la Constitución y evitó que el país cayera en el limbo.

Ahora bien, la realidad es que la Corte de Constitucionalidad no solo conoce casos de esa magnitud. En la práctica está inundada de asuntos de todo tipo. Algunos de enorme trascendencia, como el recién mencionado, pero también muchos otros de menor entidad, que difícilmente plantean dilemas constitucionales de fondo. Dicho en jerga de abogados: a la Corte llegan millares de "amparos". ¿Ameritan todos estos casos la atención de un tribunal de esta jerarquía?

Estoy seguro de que los lectores que no son abogados han oído hablar más de una vez de los benditos "amparos". En Guatemala los amparos no solo están presentes en la vida política: también aparecen en otras controversias más cotidianas. En Guatemala, todos los caminos conducen a la Corte de Constitucionalidad, de una u otra forma. Ya lo veremos.

Un episodio curioso ayuda a ilustrar esto último. El 22 de diciembre de 1985 se jugó un partido entre Municipal y

Zacapa que terminó envuelto en denuncias de arreglo de resultados. La Federación Nacional de Futbol abrió una investigación y, tras meses de trámite, su Asamblea General tomó una decisión que no dejó indiferente a nadie: el 21 de marzo de 1986 resolvió descender a Municipal a la Liga "B". Hasta ese momento, una anécdota apasionante solo para los amantes del balompié.

Lo curioso es que el club recurrió por la vía judicial y el asunto llegó, después de una apelación, hasta la Corte de Constitucionalidad. El 11 de julio de 1986 la Corte dictó sentencia y resolvió que la multa impuesta podía sostenerse, pero el descenso era ilegal. O, en lenguaje de licenciados, "amparó" a Municipal.

Y aquí surge la pregunta: ¿qué hace la Corte de más alto rango en materia constitucional, la "guardiana de la Constitución", resolviendo si un equipo de futbol debe jugar en la Liga "A" o en la "B"? La respuesta está en el diseño constitucional: un sistema que, por sus características, no solo permite, sino que empuja asuntos de todo tipo —trascendentes o triviales— hasta la última instancia. Explicaremos qué es el "amparo" en breve, pero por ahora vale adelantar que nuestra Constitución establece que todos, absolutamente todos los amparos que sean apelados por una de las partes deben ser revisados por la Corte de Constitucionalidad.

Pero también hay que decir que nos interesa entender la dimensión política de la Corte de Constitucionalidad guatemalteca. Si nos comparamos con otros países, la nuestra es probablemente una de las cortes más influyentes en la vida política por razones que más adelante abordaremos. Para muchos observadores externos es llamativo que la Corte tenga tanto protagonismo.

La idea de una guardiana de la Constitución

Para entender qué significa tener una "guardiana de la Constitución", lo primero es recordar que no todos los países lo conciben igual. Hay dos modelos principales.

En Estados Unidos, cualquier juez puede decidir en un caso concreto que una ley contradice la Constitución y, por lo tanto, no aplicarla. Es un control descentralizado: mil jueces distintos pueden decir cosas distintas, aunque luego la Corte Suprema imponga cierta uniformidad.

En Europa, en cambio, desde los años veinte del siglo pasado, se prefirió otro camino: crear una corte especial, distinta de la Corte Suprema o de los tribunales ordinarios, dedicada solo a revisar si las leyes respetan la Constitución. Este es el modelo llamado kelseniano, porque Hans Kelsen fue uno de sus principales defensores. La lógica es bastante simple: si queremos que la Constitución sea la norma suprema, conviene tener una sola voz final, un árbitro único que diga si una ley es válida o no.

Que hoy existan estos dos modelos no es casualidad. La diferencia se explica por la historia. En Estados Unidos, después de la independencia, había un temor profundo al poder de los parlamentos locales. Se habían excedido aprobando leyes abusivas, y los jueces fueron vistos como un contrapeso confiable. Así nació la idea de que cualquier juez podía dejar de aplicar una ley contraria a la Constitución. Ese es el origen de lo que luego se llamó "control judicial difuso".

En Europa, en cambio, la historia fue otra. Tras la Revolución francesa de 1789, los jueces eran vistos con desconfianza: durante el Antiguo Régimen habían bloqueado reformas y defendido privilegios feudales. Por eso se les quiso dar un papel más modesto: aplicar la ley tal cual, sin cuestionarla. Bajo esa lógica, revisar si una ley era constitucional no podía estar en manos de los jueces ordinarios. Con el tiempo, la solución fue inventar un órgano nuevo y separado: el tribunal constitucional.

Así, mientras en Estados Unidos la confianza estaba en los jueces para poner límites al legislador, en Europa la confianza se puso en una institución distinta, creada especialmente para esa tarea. Por eso hoy, cuando hablamos de cortes constitucionales al estilo europeo, debemos tener presente que son órganos separados del Poder Judicial ordinario, para garantizar la supremacía constitucional.

Con el tiempo, ese modelo se extendió. Hoy la mayoría de los países europeos tienen una corte de este tipo (aunque no todos), y en América Latina algunas constituciones también lo incorporaron, no siempre de manera pura, sino mezclado con el modelo americano. En la región existen siete países de los 20 que forman parte de América Latina que tienen un tribunal constitucional separado o fuera del Poder Judicial: Guatemala, Chile, Colombia, Ecuador, Perú, Bolivia y, desde 2010, República Dominicana. En otros países se optó por tener salas constitucionales dentro de la Corte Suprema, como Costa Rica, El Salvador, Paraguay, Nicaragua, Venezuela, entre otros.

A diferencia del modelo clásico de Europa, aquí no se abandonó el control difuso: es decir, los jueces comunes siguen pudiendo dejar de aplicar una ley si choca con la Constitución. El resultado es una justicia constitucional híbrida, con un órgano especializado en la cúspide (la Corte de Constitucionalidad) pero también con jueces de menor jerarquía que vigilan la supremacía constitucional en casos concretos.

Guatemala optó por esa vía al crear la Corte de Constitucionalidad en 1985. Conviene subrayar que no es lo mismo que la Corte Suprema de Justicia. Esta resuelve casos judiciales "ordinarios". Por ejemplo, si alguien demanda a otro por una deuda, ese pleito seguirá el camino civil y, en última instancia, podría llegar a la Corte Suprema, que decidirá según las leyes de esa materia. La Corte de Constitucionalidad, en cambio, está "fuera" del Poder Judicial y solo interviene cuando se cuestiona si una norma o una decisión contradice la Constitución.

En la teoría constitucional, diríamos que la Corte de Constitucionalidad no se cuenta dentro de los tres poderes clásicos del Estado —Ejecutivo, Legislativo y Judicial—. Se la concibe como un órgano extrapoder, es decir, situado a un lado del esquema tradicional. Su razón de ser es distinta: no dicta leyes, no gobierna ni resuelve pleitos ordinarios, sino que cumple la función específica de vigilar que la Constitución esté por encima de todos los demás poderes. En el capítulo 2 hemos hablado de que nuestra Constitución diseñó órganos extrapoder, pensando en darles más autonomía para ejercer sus tareas.

CUADRO 6.1

Esquema del lugar de la Corte de Constitucionalidad en Guatemala

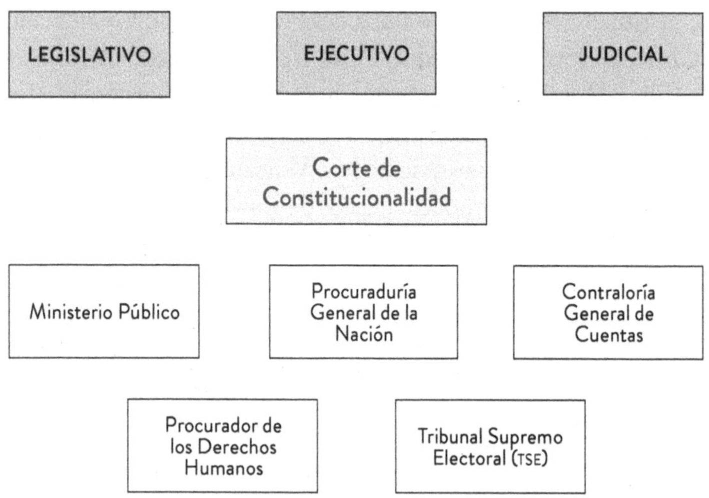

Fuente: elaboración del autor.

Ahora bien, en la práctica, la frontera entre lo que corresponde a la justicia "ordinaria" y a la justicia constitucional no siempre es tan clara. Un caso civil por una deuda, que en principio parece un litigio común, puede terminar presentado como un problema constitucional si una de las partes sostiene que en el proceso se violaron derechos como la defensa, el debido proceso o la igualdad ante la ley. De esa manera, lo que parecía un conflicto estrictamente judicial puede escalar hasta la Corte de Constitucionalidad. Por eso, aunque la Corte Suprema sea la última instancia en lo ordinario, siempre existe la posibilidad de buscar un ángulo constitucional para que el caso llegue al "guardián de la Constitución". Esa es, precisamente, una de las particularidades de nuestro sistema.

Volvamos a nuestra discusión central. Aquí aparece un matiz importante: esas cortes constitucionales no siempre se dedican exclusivamente a revisar leyes. Algunas son "puras" —solo anulan normas contrarias a la Constitución—, pero la mayoría acumula otras funciones: resolver quejas de ciudadanos que alegan violaciones a sus derechos reconocidos por la Constitución, en algunos casos supervisar elecciones, en otros casos revisar la legalidad de partidos políticos o incluso enjuiciar a altas autoridades. Entre más tareas se les asigna, más casos llegan, y más se parecen a un embudo: por arriba entra de todo, pero el cuello angosto hace que los procesos se detengan o avancen con desesperante lentitud.

El acceso es la clave. Una cosa es que el presidente o un grupo de diputados pueda cuestionar una ley ante la Corte. Eso suele producir pocos casos. Otra, muy distinta, es cuando cualquier ciudadano puede tocar la puerta alegando que se le violó un derecho (el equivalente a nuestro amparo).

En general, el litigio constitucional cumple dos grandes funciones: proteger derechos y supervisar al poder político. Pero cuando se abre la puerta del amparo individual, el tribunal se convierte también en el escenario donde conflictos cotidianos se transforman en disputas constitucionales. Lo que empieza como una multa, una sanción administrativa o un castigo deportivo puede terminar convertido en un caso que toca la Constitución.

En el fondo, así funciona nuestra Corte: no escoge los conflictos por lo relevantes o importantes que parezcan, sino por la pregunta constitucional que encierran. Y esa es la paradoja de su diseño: el mismo tribunal que puede salvar una democracia en crisis también puede corregir una sanción mal impuesta o un abuso en un lío entre vecinos de un condominio. Al fin y al cabo, se ha hablado mucho del significado del artículo 265 de la Constitución, que establece que "no hay ámbito que no sea susceptible de amparo".

En contraste, en Estados Unidos, un caso con cuestión constitucional nace y se litiga primero en tribunales estatales o federales. Si una parte pierde, puede apelar (a una corte de apelaciones federal o a la corte suprema estatal, según corresponda). Solo después puede solicitar a la Corte Suprema de Estados Unidos que revise el asunto mediante una petición de *certiorari*. La clave es que la Corte Suprema elige qué casos tomar: no está obligada a revisarlos todos. Por eso decide solo la punta del iceberg: en el periodo 2023-2024, por ejemplo, de 4 223 peticiones que recibió, solo aceptó tomar 69 casos, apenas el 1.63%, y resolvió 64.

¿Y cómo decide la Corte Suprema de Estados Unidos qué casos merecen su atención? Los propios jueces se hacen una pregunta sencilla pero poderosa: *¿este caso plantea un problema que no se puede resolver con la jurisprudencia que ya existe?* Si la respuesta es sí —porque hay contradicciones entre cortes, porque la cuestión es novedosa o porque se trata de un tema de gran relevancia nacional—, entonces la Corte lo toma. Si no, lo deja pasar.

La consecuencia es que la Corte Suprema de Estados Unidos es un tribunal altamente selectivo. No existe en ese país una corte constitucional separada, como en varios países de Europa o en Guatemala; es la misma Corte Suprema, con jurisdicción sobre todo tipo de asuntos, la que actúa también como árbitro constitucional. Por eso, la mayoría de los litigios constitucionales terminan resueltos en cortes estatales o de apelación federal, sin que la Corte Suprema intervenga nunca. A diferencia de nuestra Corte —que debe revisar todos los amparos que se apelan—, en Estados Unidos el acceso a la instancia final es limitado, y lo que llega allí son solo los casos más controvertidos, como hemos explicado, escogidos por los propios jueces.

Pero tampoco todas las cortes constitucionales son iguales y no necesariamente son como la nuestra. En Alemania, la Corte Constitucional Federal es un tribunal especializado que actúa como árbitro supremo de la Constitución. Para entender cómo se accede a ella conviene distinguir tres puertas principales. La primera son los conflictos entre las máximas autoridades del Estado (Parlamento, Gobierno federal, estados federados, partidos políticos): en esos casos se va directo a la Corte. La segunda es el control de leyes: a veces una autoridad pide revisar una ley sin un caso concreto (control abstracto), y otras veces un juez común, en medio de un juicio, se convence de que una ley contradice la Constitución y debe elevar la pregunta a la Corte (control concreto). A diferencia de Estados Unidos, aquí los jueces ordinarios no pueden dejar de aplicar la ley por sí mismos: solo la Corte Constitucional puede declarar que una norma es inválida. La tercera vía es la queja constitucional: cualquier ciudadano puede acudir si considera que un acto del Estado violó sus derechos fundamentales, pero en principio solo después de haber agotado todos los recursos disponibles en los tribunales ordinarios.

El gran desafío es que cada año llegan miles de quejas (en 2024 fueron más de 4600, de las cuales el 96% era individual). Para gestionarlas, la Corte alemana funciona con dos grandes senados (salas de ocho jueces cada uno), y dentro de ellos cámaras de tres jueces que hacen de filtro. Esas cámaras descartan la mayoría de los casos —por ejemplo, si son infundados o no cumplen requisitos— y solo dejan pasar a los senados los que plantean cuestiones de fondo. El criterio es que un caso se admite si tiene importancia constitucional general o si es necesario para proteger derechos de manera efectiva. En la práctica, la inmensa mayoría se resuelve en cámara (en 2024, más de 4 500 decisiones), y solo unas pocas decenas llegan al pleno del senado.

La diferencia con nuestro modelo es bastante evidente como veremos: en Guatemala, la Corte debe revisar todo amparo que se apela, mientras que en Alemania la Corte Constitucional está diseñada para filtrar con fuerza y quedarse solo con lo más relevante.

La diferencia con Estados Unidos también es evidente, pues allí la Corte Suprema no es especializada en asuntos constitucionales, y decide muy pocos casos porque los elige discrecionalmente; en cambio, en Alemania sí hay un tribunal exclusivamente constitucional, con múltiples puertas de acceso, pero que aplica criterios estrictos de admisión para no verse desbordado. Pero antes de entrar a estos detalles, veamos por qué los países eligen tener una corte constitucional.

¿Por qué una guardiana?

Tener un guardián de la Constitución no es una conclusión obvia. ¿Para qué crear un órgano especial si ya existe un Congreso que legisla y unos jueces que aplican la ley? La respuesta está en la política y en las limitaciones del poder.

Un tribunal constitucional cumple varias funciones al mismo tiempo y la literatura académica nos da algunas razones para que existan o bien tribunales constitucionales especiales o bien salas dentro de las cortes supremas con la función de proteger la Constitución. Primero, da credibilidad a las promesas que están en la Constitución. No basta que un texto diga que los ciudadanos tienen ciertos derechos o que el poder está limitado; hace falta alguien que lo haga valer incluso contra las mayorías del momento.

Segundo, estas cortes pueden actuar o servir como un seguro político. Quienes diseñan una Constitución saben que hoy pueden estar en el gobierno, pero mañana en la oposición. ¿Quién les protege entonces de abusos? Un tribunal independiente puede ser ese seguro: una instancia a la que acudir cuando se pierden las palancas del poder.

Tercero, un guardián es una manera de delegar el control de los excesos. Si el propio Congreso decidiera si sus leyes son válidas, lo normal sería que siempre se le diera la razón. Al crear un árbitro aparte, se establece un contrapeso real que obliga a revisar si lo que hacen los legisladores o los presidentes respeta el pacto constitucional.

Ya que hablamos de futbol antes, sabemos que, aunque las reglas del juego están escritas en papel, en el calor del partido es necesario un árbitro.

Ahora bien, no todos los guardianes se parecen y, sobre todo, no todos son efectivos. Algunos tribunales, por falta de independencia o por diseño, terminan actuando como ejecutores o delegados de las élites políticas que los nombran. Otros logran consolidarse como auténticos guardianes, dispuestos a invalidar normas o decisiones cuando chocan con la Constitución. Y en ciertos contextos, cuando acumulan poder y legitimidad, se convierten en verdaderos actores políticos, con capacidad de influir directamente en la vida pública.

Todo depende de cómo estén diseñados. La independencia de un tribunal constitucional no es automática: se construye con reglas sobre cómo se nombran sus jueces, cuánto tiempo duran en el cargo y qué tan difícil es removerlos, algo que abordamos en el capítulo anterior cuando hablamos del Poder Judicial. Si los nombramientos dependen de una sola autoridad o las plazas se reparten como cuotas partidarias, el resultado puede ser un tribunal cooptado. En cambio, cuando los nombramientos requieren consensos más amplios, o cuando los jueces tienen mandatos largos y protegidos, el guardián tiene más espacio para actuar con autonomía.

Incluso así, su fuerza no se mide solo en los papeles. Un tribunal puede tener todas las garantías de independencia y, sin embargo, ser ignorado o desobedecido por los otros poderes. Eso ocurre sobre todo en democracias frágiles o en contextos autoritarios, donde los jueces corren el riesgo de ser castigados si contradicen al gobierno. En esas circunstancias, el tribunal puede elegir entre plantarse y arriesgarlo todo, o adaptarse y volverse complaciente.

En los sistemas más estables, en cambio, los tribunales constitucionales suelen calibrar sus pasos con cuidado: saben que sus decisiones deben ser firmes, pero también viables. Muchas veces recurren a fórmulas intermedias —anular una ley, pero dar tiempo al Congreso para corregirla, reinterpretar una norma en vez de tumbarla por completo—, buscando equilibrio entre hacer valer la Constitución y no provocar choques que los debiliten.

Por eso, hablar de un guardián no significa imaginar un árbitro todopoderoso y puro. Se trata de un órgano que existe y se mueve en medio de tensiones políticas, que depende de su legitimidad pública y que siempre enfrenta el riesgo de ser cooptado o desobedecido. Esa ambigüedad es parte de su naturaleza: el guardián existe para limitar al poder, pero a la vez forma parte del mismo sistema político que debe vigilar.

El caso guatemalteco

La creación de la Corte de Constitucionalidad en 1985 fue, al mismo tiempo, un acto de ruptura y de continuidad. Ruptura, porque se abandonó el modelo de 1965, en el que la Corte era un órgano subordinado a la Corte Suprema de Justicia: se integraba con 12 miembros (el presidente y cuatro magistrados de la Suprema, y el resto por sorteo entre magistrados de apelaciones), presidida siempre por el presidente de la Corte Suprema y limitada a conocer recursos de inconstitucionalidad en supuestos muy restringidos. Y continuidad, porque se mantuvo la idea de que debía existir un tribunal que velara por la supremacía constitucional, aunque ahora transformado en un órgano permanente, con voz propia.

La nueva Corte de Constitucionalidad solo tiene 40 años de existir, igual que la Constitución. Como lo dispone el artículo 269 de nuestra Constitución, se diseñó con cinco magistrados titulares y cinco suplentes, nombrados por distintos actores: la Corte Suprema de Justicia, el Congreso, el presidente en el Consejo de Ministros, el Consejo Superior Universitario de la USAC y el Colegio de Abogados.

El artículo 270 de la Constitución establece que los magistrados de la Corte de Constitucionalidad deben ser guatemaltecos de origen, abogados colegiados con al menos 15 años de ejercicio profesional, personas de reconocida honorabilidad y solvencia ética. La propia Ley de Amparo, Exhibición Personal y de Constitucionalidad, en su artículo 152, añade un matiz interesante: recomienda que, además de los requisitos constitucionales, los magistrados sean escogidos de preferencia entre personas con experiencia en la función y administración pública, en magistraturas, en el ejercicio profesional o en la docencia universitaria, según el órgano del Estado que los designe.

La lógica de designar a los magistrados de la Corte de Constitucionalidad de este modo, para los constituyentes, era diversificar el origen de los nombramientos para, en teoría, evitar capturas fáciles y, sobre todo, restarle protagonismo al Ejecutivo, históricamente el poder más abusivo. Tres de los cinco designados provenían de actores externos a la competencia electoral. La promesa era un tribunal que no dependiera del residente de turno del Palacio Nacional.

Para verlo con claridad, así quedó plasmado en la Constitución y en la Ley de Amparo:

Cuadro 6.2

Quién designa	**Número de magistrados**	**Observaciones**
Corte Suprema de Justicia	Un titular y un suplente	Elegidos por el pleno de la CSJ.
Congreso de la República	Un titular y un suplente	Elegidos por el pleno del Congreso.
Presidente de la República en el Consejo de ministros	Un titular y un suplente	Designación directa del Ejecutivo colegiado.
Consejo Superior Universitario de la USAC	Un titular y un suplente	Representación del ámbito académico.
Asamblea del Colegio de Abogados y Notarios	Un titular y un suplente	Representación del gremio profesional.

Fuente: cuadro-resumen elaborado por el autor a partir de la Constitución y la Ley de Amparo.

Ahora bien, la independencia de la Corte quedó limitada desde el inicio. Los magistrados ejercen por un periodo corto de cinco años, con posibilidad de reelección. Además, la renovación se hace en bloque: cada ciclo se reemplaza a los cinco titulares y a sus suplentes, lo cual expone al tribunal a giros bruscos de orientación. Los suplentes importan, porque en ciertos casos —cuando la Corte conoce asuntos contra la Corte Suprema de Justicia, el Congreso o el presidente y vicepresidente— la integración se amplía a siete magistrados, sumando dos suplentes por sorteo. El problema es que los suplentes no tienen prohibido seguir ejerciendo la abogacía, lo que abre conflictos de interés evidentes: ¿qué tan imparcial puede ser un tribunal si una de las partes litiga contra el despacho de un magistrado suplente?

Para dejarlo claro: es práctica habitual que magistrados suplentes de la CC, la más alta corte del país, sean magistrados por la mañana y abogados desde su bufete en la práctica privada por la tarde. Su remuneración tampoco es simbólica: un suplente percibe entre el 65% y el 70% de lo que recibe un titular, cifras igualmente altas. El punto está en otra parte: a diferencia de los titulares, la ley no les prohíbe litigar en lo privado. Esa doble condición abre conflictos de interés evidentes: ¿qué tan imparcial puede ser un tribunal si una de las partes litiga contra el despacho de un magistrado suplente? Establecer la prohibición expresa y asumir el costo de sueldos plenos sería un precio razonable para blindar su independencia.

El contraste con la región tampoco nos deja bien parados. En Ecuador, por ejemplo, la Corte Constitucional tiene nueve jueces con mandatos de nueve años, renovados por tercios cada tres, y en Colombia los magistrados duran ocho años y no pueden reelegirse, lo que les da margen para trabajar sin estar pensando en quién los volverá a nombrar, y también renuevan por partes a la Corte. Guatemala, en cambio, combinó lo peor de todos los mundos: periodos cortos, reelección posible y reemplazo total, en bloque, cada cinco años. Es como resetear la memoria del tribunal en cada ciclo. Cuando comentaba este modelo con mis profesores de Derecho Constitucional y mis compañeros de clase en Estados Unidos no podían más que arquear las cejas.

A estas debilidades se añade un control político fuerte. El Congreso tiene la facultad de decidir sobre los procesos de antejuicio contra los magistrados de la Corte de Constitucionalidad, con el voto de dos tercios (hoy, 107 de 160 votos). En teoría es un umbral alto; en la práctica, no imposible.

En 2021 quedó claro: tras varios fallos incómodos de la Corte de Constitucionalidad para la coalición dominante de aquel momento, dos magistrados de esta corte, Gloria Porras y Francisco de Mata Vela, enfrentaron intentos de antejuicio bajo la acusación de que sus decisiones "violaban la Constitución". Aunque al final no se alcanzó a levantar la inmunidad, el Congreso se negó a juramentar a la magistrada Gloria Porras, que había sido reelecta por el Consejo Superior Universitario para el periodo 2021-2026 y, más tarde, la propia Corte anuló su designación. El mensaje a futuras magistraturas fue evidente.

En los debates constituyentes había quedado clara la desconfianza hacia el presidencialismo, los fraudes y los abusos del pasado. Limitar al Ejecutivo en la designación de jueces era una reacción histórica: demasiados presidentes habían manipulado la justicia en beneficio propio. Al mismo tiempo, los constituyentes no imaginaron una Corte aislada ni puramente técnica. La concibieron como un espacio político-jurídico donde se negocia, caso a caso, el significado de la Constitución, en diálogo con los otros poderes y con actores sociales de peso.

Por eso, el diseño guatemalteco combina dos rasgos que parecen contradictorios, pero que responden al mismo impulso: otorgar independencia inicial, mediante nombramientos plurales, y mantener el tribunal dentro del circuito político, mediante mandatos breves y la supervisión del Congreso. Esa dualidad explica tanto la fuerza como la vulnerabilidad de la Corte: puede salvar al sistema en una crisis, pero también convertirse en blanco de presiones.

El amparo

Llegamos al punto en que debemos hablar de cómo se accede a la Corte de Constitucionalidad. Aquí aparece la figura más importante de nuestro sistema: el amparo. En palabras sencillas, el amparo es el mecanismo que protege a las personas cuando consideran que una autoridad ha violado sus derechos constitucionales, o cuando existe una amenaza seria de que eso ocurra. Aunque por definición está pensado para actuar frente al poder público, también puede plantearse contra actores privados en casos excepcionales previstos por la ley.

Conviene aclarar algo desde el principio: el amparo no es un recurso inmediato que pueda interponerse sin más. Es un proceso judicial. Se inicia con una petición de amparo —un escrito que, en la práctica, funciona como la "demanda" de este tipo de juicio— y termina con una sentencia. Y se rige por un principio de subsidiariedad: antes de pedir amparo deben agotarse los recursos ordinarios que existan y solo después, si esos no funcionan o no son eficaces, se abre la puerta al amparo.

Un ejemplo lo ilustra mejor. Imaginemos a un ciudadano que pide información pública sobre los gastos de una municipalidad. La oficina le niega la entrega alegando confidencialidad. Antes de acudir a un amparo, este ciudadano debe usar los recursos internos que la ley le ofrece —como el recurso de revisión en materia de acceso a la información—. Solo si después de usarlos la negativa persiste, puede acudir a un juez a pedir amparo por violación a su derecho de acceso a la información.

Una vez interpuesta, la petición de amparo sigue un procedimiento. El juez que recibe el caso debe pronunciarse de inmediato sobre el "amparo provisional", que es una medida de urgencia para evitar un daño irreparable. En nuestro ejemplo, podría ordenar entregar la información mientras se resuelve el fondo del caso. Esa decisión provisional puede apelarse y allí entra en juego la Corte de Constitucionalidad, que revisa todas las apelaciones en materia de amparo. Lo mismo ocurre con la sentencia definitiva: el juez o tribunal que conoce el caso dicta un fallo, pero cualquiera de las partes puede apelar, y entonces la última palabra siempre la tiene la Corte de Constitucionalidad.

Volvamos a nuestro ejemplo. ¿A qué tribunal debe acudir el ciudadano si la municipalidad le niega la información? La respuesta no se deja al azar. Además de la Constitución, tenemos la Ley de Amparo una norma especial que regula todo lo relacionado con la justicia constitucional: desde cómo se presenta un amparo hasta qué tribunal debe conocerlo según la autoridad a la que se impugna. Dicho de forma sencilla, la ley reparte las competencias: no es lo mismo si el amparo es contra un juez, contra un ministro o contra una municipalidad.

Hay un detalle más: la Corte de Constitucionalidad puede ajustar esas reglas mediante resoluciones llamadas "autos acordados". Por ejemplo, el auto 1-2013 estableció que si el amparo es contra la municipalidad de una cabecera departamental debe conocerse en la Corte de Apelaciones.

Ahora bien, aunque la ley distribuye qué tribunal ve cada caso en primera instancia, casi nunca termina ahí la historia: lo normal es que la parte que pierde apele. Y toda apelación en materia de amparo va directo a la Corte de Constitucionalidad. Por eso, cuando digo que todos los caminos llevan a la Corte no es una metáfora: la mayoría de los amparos del país termina revisada allí.

En la práctica, además, la amplitud del amparo ha generado un fenómeno particular: no solo se utiliza contra actos de la administración pública, sino también contra resoluciones judiciales dentro de procesos en curso. Pensemos en un caso penal. Un acusado por robo sostiene que no le permitieron presentar una prueba esencial para su defensa y alega violación a su derecho constitucional de defensa. O el Ministerio Público se queja de que un juez dejó fuera un delito en la acusación. En ambos supuestos puede plantearse amparo antes de la sentencia final, lo que interrumpe el proceso y abre un nuevo litigio. Ese amparo, a su vez, puede terminar en la Corte de Constitucionalidad. Así, juicios que deberían resolverse en un plazo razonable se alargan porque cada incidencia se convierte en un litigio constitucional.

El problema es doble. Por un lado, los procesos se vuelven más lentos e inciertos. Por otro, la Corte de Constitucionalidad se ve involucrada en asuntos de detalle procesal —en materia penal, civil o administrativa— cuando, en teoría, su misión principal era velar por el respeto a la Constitución en los grandes temas. Esa expansión ha hecho que la Corte gane un poder enorme sobre la vida judicial cotidiana, en buena medida porque, como hemos comentado antes, nuestra Constitución establece en el artículo 265 que "no hay ámbito que no sea susceptible de amparo".

De manera que el amparo es una garantía valiosa, un verdadero escudo para la ciudadanía frente a los abusos de autoridad. Pero su uso sin límites ha generado efectos prácticos que no siempre fueron previstos: juicios interminables, saturación de tribunales y una Corte de Constitucionalidad que termina resolviendo tanto las cuestiones más trascendentes para la democracia como disputas procesales de un expediente ordinario.

Pero también porque en nuestro sistema no hay suficientes filtros para los casos que llegan a la Corte de Constitucionalidad. Aunque en la práctica se ha intentado reducir el caudal —suspendiendo algunos amparos o inconstitucionalidades que no llenan los requisitos mínimos—, el volumen sigue siendo alto e inmanejable.

Como vimos antes, la Corte Suprema de Estados Unidos, en un país de más de 330 millones de habitantes, selecciona apenas unas 60 causas al año de entre más de 4200 peticiones. La Corte Constitucional alemana, con 80 millones de habitantes, recibe alrededor de 4500 quejas, pero descarta la gran mayoría gracias a filtros preliminares. Guatemala, con apenas 18 millones de habitantes, obligó a su Corte a tramitar entre mayo de 2024 y mayo de 2025 8856 peticiones, emitir más de 6394 resoluciones intermedias, 2260 sentencias y reunirse en pleno 189 veces. Eso equivale a conocer, en promedio, casi 47 casos por sesión plenaria.

CUADRO 6.3

País	Habitantes (millones)	Solicitudes recibidas al año	Sentencias emitidas al año	% de selección
Estados Unidos	330	~4200	~60	1.40
Alemania	80	~4500	~200 (tras filtros)	~4
Guatemala	18	8856	2260	N/A

Fuente: elaboración del autor con fuentes oficiales.

El contraste es brutal: mientras las cortes más poderosas del mundo seleccionan solo un puñado de asuntos para concentrarse en lo esencial, la Corte guatemalteca resuelve casos en masa. El resultado es absurdo, un tribunal diseñado para ser el guardián de la Constitución termina convertido en un juez de todo y de todos, devorado por la avalancha de expedientes que su propio diseño le impone.

Entre mayo de 2024 y mayo de 2025 ingresaron 8586 expedientes y la Corte se reunió en pleno 189 veces. Eso significa que, en promedio, cada sesión debía conocer unos 46 asuntos. Aunque no todos tienen la misma complejidad —algunos son simples autos de trámite y otros, verdaderas sentencias constitucionales—, la carga sigue siendo abrumadora. Si el pleno trabajara seis horas seguidas, cada expediente dispondría de apenas siete u ocho minutos de atención. Difícilmente en ese tiempo cabe una deliberación serena sobre dilemas de Estado: la agenda está pensada para despachar en masa, no para reflexionar con calma.

A todo esto, se suman las vistas públicas. Son audiencias en las que las partes exponen oralmente sus argumentos frente a los magistrados. Como se aprecia, solo una parte de los casos llega a vista oral, y eso únicamente si las partes lo solicitan. Cada vista consume tiempo real: en la práctica suelen durar entre 20 y 40 minutos, y de vez en cuando se pueden alargar un poco más. Entre mayo de 2024 y mayo de 2025 la Corte programó 171, lo que equivale a unas tres por semana. Traducido en tiempo, significa más de 80 horas de audiencias en el año, añadidas a las casi 200 sesiones del Pleno. Es decir, además de deliberar sobre decenas de expedientes en bloque, los magistrados debían abrir espacio cada semana para escuchar alegatos públicos.

El poder de declarar una ley inconstitucional

Declarar una ley inconstitucional es el gesto más nítido —y a la vez más delicado— del guardián de la Constitución. En estos casos, la Corte no decide solo con sus cinco titulares: se amplía a siete magistrados, incorporando por sorteo a dos suplentes. Es delicado porque cuatro personas pueden deshacer la obra de decenas de diputados, y es nítido porque refleja con total claridad el principio que recorre este libro: la Constitución está por encima de las mayorías del momento. La pregunta obvia es: ¿por qué un tribunal puede anular lo que aprobó un Congreso electo democráticamente?

La respuesta es que la Corte no invalida leyes para imponer sus preferencias, sino para hacer valer la Constitución frente a quienes la infringen, incluso si esos infractores son mayorías circunstanciales. La legitimidad de este control descansa en algo sencillo de explicar al lector no abogado: en democracia no todo vale, ni siquiera con votos suficientes. Existen "esenciales constitucionales" —derechos básicos, reglas del juego, límites al poder— que ninguna mayoría puede derogar. Cuando una ley los vulnera, la solución no es una nueva votación, sino la decisión de la guardiana que la anula y preserva el pacto.

Ese poder no es infinito ni se ejerce en el vacío. Es una institución separada de los poderes activos (Legislativo y Ejecutivo) y no está por debajo de ellos en la interpretación constitucional. Si sus decisiones pudieran ser corregidas por los mismos órganos a los que controla, sería un guardián solo de nombre. Por eso, el modelo comparado ha confiado esta función a tribunales constitucionales independientes, con la misión de decidir en última instancia sobre la validez de las leyes y, en los diseños más robustos, también sobre si organizaciones políticas persiguen fines contrarios a los fundamentos del orden constitucional. En ambos casos, el poder es el mismo: frenar lo que amenaza a la Constitución.

El poder de anular una ley cumple un triple cometido. Primero, evita que las reglas del juego se desfiguren desde dentro por mayorías coyunturales (piénsese en cláusulas que protegen la alternancia o derechos básicos). Segundo, protege a la ciudadanía frente a leyes que, aunque populares, lesionan libertades fundamentales. Y tercero, se coordina con otros mecanismos de resguardo: cuando existen cláusulas inamovibles o restricciones a organizaciones con fines abiertamente antidemocráticos, es el guardián quien decide si procede activarlas. En todos los casos, la idea central es la misma: la Constitución no se defiende sola; alguien debe tener, aquí y ahora, la última palabra jurídica.

Todo esto puede sonar abstracto, pero en Guatemala no se queda en teoría. La Constitución y la Ley de Amparo diseñaron un sistema muy concreto para que la Corte de Constitucionalidad actúe como guardián, no solo frente a actos de gobierno u otras autoridades, como en el caso del amparo, sino también frente a leyes del Congreso o normas del Ejecutivo y de las municipalidades. Y lo hicieron con dos puertas de entrada.

La primera puerta es la inconstitucionalidad en caso concreto, conforme a lo que regulan los artículos 116 a 132 de la Ley de Amparo. Su lógica es sencilla: ningún juez puede dictar sentencia aplicando una norma que se objeta como contraria a la Constitución sin resolver ante esa objeción.

Imaginemos un ejemplo absurdo para entenderlo con facilidad: supongamos que existiera una ley que estableciera que es delito burlarse del presidente. Si a alguien lo procesaran bajo esa norma y su abogado alegara que la ley viola la libertad de expresión garantizada en la Constitución, el juez tendría que detener el juicio y resolver esa objeción. Si le da la razón, el caso se cae: la persona no puede ser condenada con base en esa ley. Y aunque la norma sigue escrita en los libros, en ese expediente en particular, la ley no se puede aplicar en ese caso concreto.

Ese es el mecanismo en su forma más simple. El tribunal común se convierte, por un momento, en tribunal constitucional. Más tarde, si alguna de las partes apela, la Corte de Constitucionalidad tiene la última palabra. El efecto es limitado: la norma no desaparece del ordenamiento, pero no puede aplicarse en ese expediente en particular.

Un ejemplo lo muestra con claridad. Entre 2016 y 2018, varios políticos enfrentaban procesos por financiamiento electoral ilícito, delito que castigaba el uso de recursos de origen ilícito (narcotráfico, lavado de dinero) o bien, de ingresos no reportados en las campañas, como ocurrió en las elecciones de 2015.

Pero en 2018, con esos procesos ya en marcha, el Congreso reformó el Código Penal: eliminó ese delito y lo sustituyó por otro distinto, el financiamiento electoral no registrado. A primera vista parecían figuras parecidas, pero no lo eran. La diferencia tenía una intención clara: con el cambio, los acusados de las campañas de 2015 quedaban a salvo. La razón es que, en derecho penal, nadie puede ser condenado por un delito que no existía cuando ocurrieron los hechos. Se trata del principio de irretroactividad de la ley, consagrado en el artículo 15 de la Constitución.

La jugada política fue evidente: al derogar el delito viejo y crear otro nuevo, los diputados se aseguraron de que la nueva figura no pudiera aplicarse a hechos anteriores. En consecuencia, los acusados quedaban en un vacío: ya no podían ser juzgados por el delito anterior (porque había sido derogado) ni por el nuevo (que no existía en 2015).

Ese fue el núcleo del problema. En sus juicios, los acusados alegaron inconstitucionalidad en casos concretos: aplicar el artículo 407 "O" del Código Penal (la nueva figura) a hechos de 2015 violaba la Constitución. Los jueces tuvieron que detenerse y remitir el asunto, y finalmente la Corte de Constitucionalidad resolvió lo obvio: nadie puede ser condenado por un delito creado después de los hechos.

El efecto fue inmediato: en esos procesos, la acusación por financiamiento electoral ilícito quedó sin sustento y muchos casos terminaron cerrándose. Sin embargo, la figura de financiamiento electoral no registrado siguió vigente para hechos posteriores a 2018.

Aquí está la clave para entender esta primera puerta: la inconstitucionalidad en caso concreto no borra una norma para todos. La ley sigue ahí, pero queda neutralizada para ese proceso específico, como si se le pusiera un candado que impide aplicarla contra esa persona en ese expediente.

La segunda puerta —y un poder aún mayor— es la inconstitucionalidad general, regulada entre los artículos 133 y 142 de la Ley de Amparo de 1986. Aquí ya no se discute la aplicación de una ley en un caso específico, sino su validez misma para todos. La impugnación se plantea directamente ante la Corte de Constitucionalidad, sin pasar por un proceso ordinario. Y lo notable es quién puede hacerlo: no solo instituciones como el Colegio de Abogados, el Ministerio Público o el procurador de los Derechos Humanos, sino incluso cualquier ciudadano que consiga el respaldo de tres abogados colegiados. El efecto es mucho más amplio: si la Corte declara la inconstitucionalidad, la ley desaparece del ordenamiento, deja de tener vigencia para todos, como si nunca hubiera existido.

Este poder ha tenido repercusiones visibles. En diciembre de 2023, a media transición de gobierno, unos ciudadanos presentaron una acción contra la Ley de Presupuesto para 2024, alegando que el Congreso había violado los procedimientos de aprobación. En un giro inesperado, la Corte les dio la razón de forma provisional e invalidó el presupuesto recién aprobado. La consecuencia inmediata fue que entró en vigor el presupuesto del año anterior, como ordena la Constitución cuando no se aprueba a tiempo uno nuevo.

Otro ejemplo muestra el alcance de este poder. En agosto de 2025, la Corte anuló un reglamento nacional que buscaba ordenar la gestión de la basura: separación de desechos, frecuencias de recolección y estándares mínimos. A primera vista, parecía una medida ambiental necesaria. Sin embargo, la Corte consideró que invadía la autonomía municipal y sostuvo que corresponde a cada municipio decidir cómo manejar la basura en su territorio. El resultado práctico fue que un esfuerzo nacional quedó reducido a la capacidad —muy desigual— de 340 municipios para regular el tema por su cuenta. Con ese fallo, el reglamento fue expulsado del ordenamiento y dejó de ser obligatorio.

El contraste entre ambos caminos es crucial. En el primer caso, lo que se logra es que la ley no se aplique en un expediente concreto; en el segundo, la norma queda expulsada del sistema entero. Pero en ambos impera la misma idea: un tribunal que no crea leyes ni compite con el Congreso, pero que tiene la última palabra cuando se trata de proteger la Constitución.

Por eso, cuando se dice que en Guatemala cuatro magistrados pueden tumbar una ley aprobada por más de 80 diputados, la idea puede sonar escandalosa. En realidad, refleja la esencia del diseño constitucional: limitar a las mayorías cuando traspasan los límites del pacto fundamental. Es el guardián actuando en su faceta más pura, con poder reactivo y negativo, negando vigencia a aquello que nunca debió estar en el ordenamiento.

Ahora bien, precisamente por la magnitud de ese poder, sería deseable que la Corte de Constitucionalidad fuera mucho más independiente de lo que hoy es, y para ello habría que modificar varias piezas de su diseño actual.

Cuando la Corte asumió la batuta: la dimensión política de nuestra "guardiana de la Constitución"

Vale la pena detenernos a analizar la dimensión política que ha tenido la Corte de Constitucionalidad a lo largo de nuestros 40 años de vida democrática y tratar de entender por qué ha sido así. Nadie que siga la vida política del país ignora que la Corte está constantemente en el centro de atención.

Es imposible comprender el papel que desempeña sin entender lo ocurrido en mayo de 1993.

La mañana del 25 de mayo de 1993, el presidente Jorge Serrano apareció en cadena nacional con un paquete al que llamó "Normas Temporales de Gobierno". Con ellas anunció que "suspendía" partes de la Constitución, disolvía el Congreso, removía a la Corte Suprema y a la propia Corte de Constitucionalidad, y que desde ese momento gobernaría por decretos asumiendo las funciones legislativas. También comunicó cambios inmediatos en fiscalías y otras instituciones. Era un autogolpe.

La reacción fue rápida y diversa. Cámaras empresariales, la universidad pública, sindicatos, organizaciones cívicas y buena parte de la prensa se opusieron. Y algo clave: el alto mando militar no cerró filas detrás del presidente. En medio de esa presión social y de ese vacío de apoyo, la Corte de Constitucionalidad actuó de inmediato: ese mismo 25 de mayo dejó sin efecto las "Normas Temporales", explicó que el presidente no puede alterar la Constitución por sí solo y ordenó publicar su decisión en el *Diario Oficial.* Cuando el Ejecutivo desobedeció, el 31 de mayo la Corte pidió el auxilio de los ministros de

Gobernación y de la Defensa para hacer cumplir su fallo; con apoyo del Ejército, la sentencia se publicó.

Ese viraje se hizo visible el 1.º de junio, cuando el Alto Mando del Ejército convocó a los magistrados de la Corte de Constitucionalidad al Palacio Nacional. Allí, el ministro de la Defensa reconoció la acefalía en el Ejecutivo y planteó que la Corte asumiera el poder. La respuesta del presidente de la Corte, Epaminondas González Dubón, fue tajante: hacerlo sería otro golpe de Estado, y lo que correspondía era que el Congreso llenara el vacío según la Constitución. Fue en ese momento cuando el Ejército ofreció públicamente su respaldo a la Corte y se comprometió a ejecutar su sentencia. Esa alianza se selló horas más tarde en una conferencia de prensa conjunta, donde el alto mando militar anunció que acataba la decisión de la Corte y garantizaba el restablecimiento de la vigencia constitucional. Ahí quedó claro que el Ejército, por primera vez en décadas, reconocía la primacía del poder civil y cedía la batuta al tribunal constitucional.

El 4 de junio llegó el desenlace jurídico y político: la Corte calificó lo ocurrido como un golpe de Estado, declaró inhabilitados a Jorge Serrano Elías y al vicepresidente Gustavo Espina para ocupar la Presidencia y le dio al Congreso 24 horas para elegir a quien completaría el periodo, además de nombrar después un vicepresidente. El Congreso acabaría eligiendo al entonces procurador de los Derechos Humanos, Ramiro de León Carpio, como presidente, y al magistrado del Tribunal Supremo Electoral, Arturo Herbruger Asturias, como vicepresidente.

La crisis no terminó con la salida de Jorge Serrano Elías. Lo que siguió fueron meses convulsos, aunque sin duda aquel fue el momento más decisivo de la Corte de Constitucionalidad en los primeros siete años de vigencia de la Constitución. Los símbolos importan: que el Ejército respaldara la resolución de la Corte para destrabar la crisis marcó un cambio de era. Hasta entonces, los militares habían sido el actor central de la política; en 1993, el alto mando cedió el protagonismo al poder civil en medio de la mayor crisis constitucional del periodo. La Corte salió fortalecida, con una relevancia inédita.

Pronto surgió el debate sobre la depuración del Congreso. La desconfianza hacia los diputados era tan grande que distintos sectores exigían que se marcharan todos. La Instancia Nacional de Consenso —foro multisectorial nacido en medio de la crisis— presionaba por una "autodepuración", e incluso algunos partidos consideraron que sus bancadas renunciaran en bloque. Nada de eso prosperó y se abrieron dos caminos paralelos: el Ejecutivo, con Ramiro de León explorando un plebiscito que le permitiera exigir renuncias, y el Congreso, intentando mantener la iniciativa con un paquete propio de reformas constitucionales.

La tensión escaló. El 27 de septiembre de 1993, De León sorprendió al país al convocar una consulta popular para preguntar a la ciudadanía si estaba de acuerdo en que renunciaran todos los diputados y los magistrados de la Corte Suprema. En la práctica, era un intento de apoyarse en la calle y pasar por encima del Congreso. Pero había dudas sobre la legalidad de esa consulta y sobre si, en todo caso, sería vinculante.

Los diputados reaccionaron cerrando filas. Un grupo intentó incluso desconocer a la Junta Directiva del Congreso y formar una nueva el 5 de septiembre, en lo que se conoció como el "Congreso paralelo". La Corte de Constitucionalidad intervino el 12 de octubre y resolvió que la jugada era inválida, porque el presidente del Congreso no había abandonado su cargo al levantar la última sesión plenaria. Los diputados del "Congreso paralelo" se aferraban a esa acta para alegar que la Junta había "abandonado" sus funciones.

El otro frente, el de la consulta popular convocada por De León para "depurar" el Congreso, también se fue desinflando. Aunque el Tribunal Supremo Electoral la programó para el

28 de noviembre, el propio presidente pidió suspenderla y finalmente fue cancelada. En la práctica, tanto el "Congreso paralelo" como la "consulta depuradora" quedaron sin efecto. La Corte fue empujando el conflicto hacia un solo terreno: el de la legalidad formal. No había manera de adelantar elecciones ni de forzar renuncias sin una reforma constitucional.

El estira y encoge continuó. Tras agotarse los intentos de "depuración" —renuncias masivas, Congreso alterno y la consulta popular que De León intentó convocar—, el Congreso tomó la iniciativa. El presidente De León Carpio ya había dejado claro que no aceptaría un recorte a su periodo, como algunos sectores planteaban al inicio de la crisis. Finalmente, el 27 de octubre de 1993, el Legislativo aprobó de urgencia más de 50 reformas constitucionales: entre ellas, el adelanto de elecciones legislativas en 1994 y la reducción de los periodos de diputados y magistrados de la Corte Suprema de Justicia. La tensión fue enorme, con poderes enfrentados y protestas en las calles. En noviembre, con mediación de la Iglesia católica y otros actores sociales, Ejecutivo y Legislativo coincidieron en lo que mandaba la Constitución: someter a consulta popular el paquete de reformas. Si la ciudadanía lo ratificaba, se convocarían elecciones legislativas en 1994, se integraría un Congreso de transición hasta 1996 y se modificarían las reglas para elegir a los magistrados de la Corte Suprema de Justicia. Algunos privilegios, como la inmunidad de diputados y magistrados, permanecieron intactos.

El 30 de enero de 1994 esas reformas fueron ratificadas en consulta popular, aunque con muy baja participación: apenas el 15.87% de los inscritos. Para comparar, en las elecciones generales de 1995 votaron 3.7 millones de guatemaltecos, equivalentes al 37% del padrón. Aun así, el resultado abrió la puerta a lo que en los hechos sí fue una depuración: la elección anticipada de un nuevo Congreso, celebrada el 14 de agosto de 1994. Ese Congreso de transición sustituyó al anterior y funcionó hasta 1996, marcando un recambio político en medio de la crisis.

La reforma también redujo el periodo presidencial de cinco a cuatro años y cambió la forma en que hoy se eligen los magistrados de la Corte Suprema de Justicia, Corte de Apelaciones, fiscal general y contralor general de Cuentas mediante las comisiones de postulación (tema que se explica en el capítulo 5).

Así terminó un pulso de ocho meses. No se depuró al Congreso de la forma en que pedían las calles, pero sí hubo una renovación anticipada por la vía electoral. Y, sobre todo, quedó claro que desde esa crisis el árbitro obligado de la vida política guatemalteca sería la Corte de Constitucionalidad. Desde entonces, cada crisis institucional ha pasado por ella, porque en 1993 la Corte se ganó —en medio del vacío de poder— la centralidad que aún conserva.

2001: cooptando la Corte

Si 1993 es un año decisivo para entender el rol de la Corte, también lo es lo que ocurrió una década después. En 2001 tocaba renovar a los cinco magistrados titulares y sus suplentes de la CC. El Frente Republicano Guatemalteco (FRG), que se encontraba en el poder con Alfonso Portillo y con mayoría en el Congreso, llegó con un objetivo claro: asegurarse el control de la Corte de Constitucionalidad. La misión de fondo era abrir el camino a la candidatura presidencial del general Efraín Ríos Montt en 2003, a pesar de la prohibición expresa del artículo 186 de la Constitución. La misma Corte ya le había cerrado el paso en 1990, pero ahora el cálculo era otro: con la Corte adecuada, esa puerta podía abrirse.

El FRG tenía garantizados dos nombramientos: los que salían del Congreso, que controlaban en mayoría, y los del Ejecutivo, bajo Portillo. El punto decisivo estaba en los otros espacios. En la Corte Suprema de Justicia no tenían afinidad, en el Colegio de Abogados tampoco habían consolidado fuerza aún, pero en la Universidad de San Carlos lograron inclinar el proceso entre señalamientos de interferencia política en la elección que hiciera la universidad.

La apuesta del FRG se puso a prueba en 2003. Tras la convocatoria a elecciones, el 6 de junio el Registro de Ciudadanos del Tribunal Supremo Electoral rechazó inscribir a Ríos Montt, recordando que había tomado el poder en 1982 por un golpe de Estado y que por tanto estaba inhabilitado. El 12 de junio, el pleno del TSE confirmó la negativa. El FRG acudió entonces en amparo a la Corte Suprema de Justicia, pero el 4 de julio de 2003 la CSJ resolvió en contra y no dio lugar a la inscripción.

El último recurso era la apelación ante la Corte de Constitucionalidad. La integración del caso generó sospechas desde el inicio. Por ley, debían conocerlo siete magistrados: los cinco titulares y dos suplentes elegidos por sorteo. El presidente de la Corte dirigió el sorteo y resultaron designados suplentes cercanos al FRG, uno de ellos abogado de confianza del general Ríos Montt. Varios magistrados cuestionaron la legitimidad del proceso e incluso cinco intentaron excusarse, señalando en público que el sorteo estaba en entredicho. El ambiente dentro de la Corte se volvió tenso: circulaban rumores, y hasta se dijo que un magistrado había sacado un arma en pleno debate.

El 14 de julio de 2003 llegó el fallo esperado: por mayoría de cuatro votos contra tres, la CC amparó a Ríos Montt y ordenó su inscripción como candidato presidencial. Sin embargo, la inscripción no se concretó de inmediato. La Corte Suprema de Justicia recibió dos acciones de amparo de los partidos opositores, Unidad Nacional de la Esperanza (UNE) y Movimiento Reformador (MR), que buscaban frenar la inscripción pese a la resolución de la CC, y en ambos casos concedió amparos provisionales que bloquearon su ejecución. La paradoja era que existía una apelación de amparo definitiva resuelta por la CC que ordenaba inscribir, pero estos dos amparos provisionales de la Corte Suprema lo impedían.

En ese dilema jurídico y político estalló el jueves negro el 24 de julio de 2003. Turbas organizadas por el FRG tomaron las calles de la capital para exigir el cumplimiento del fallo de la CC. Aquello fue un espectáculo de intimidación: quema de llantas, bloqueos, amenazas a opositores y persecución de periodistas. En medio del caos murió de un infarto el periodista Héctor Ramírez, mientras huía de la muchedumbre.

El terror también alcanzó a los magistrados. Rodolfo Rohrmoser, que había votado en contra de la inscripción, recuerda en su memoria "De cómo viví el jueves negro" que esa mañana la Corte fue evacuada porque una turba armada se acercaba al edificio del tribunal. Ya en su casa, vio cómo un grupo rodeaba la garita de su colonia gritando consignas sobre Ríos Montt. Su esposa e hijos tuvieron que escapar atravesando patios y saltando muros con ayuda de vecinos. Él mismo fue rescatado en una operación improvisada para proteger su vida. El episodio mostraba con crudeza el nivel de presión y riesgo al que estaban sometidos quienes se opusieron a la candidatura del general.

La crisis se "resolvió" días después. El 30 de julio de 2003, la CC dictó un auto de ejecución de sentencia. Revocó los amparos provisionales concedidos por la CSJ, suspendió en definitiva las acciones interpuestas para frenar la inscripción y ordenó al Registro de Ciudadanos inscribir a la planilla de Ríos Montt en un plazo de 12 horas, bajo apercibimiento de consecuencias penales. Además, "instruyó" a la CSJ y a todos los tribunales del país a rechazar cualquier nuevo recurso destinado a enervar lo ya resuelto. Solo entonces la inscripción se materializó.

Ríos Montt finalmente participó en las elecciones, pero fue derrotado en las urnas. Pese al espectáculo de fuerza bruta, el general quedó en el tercer lugar con el 19.3% de los votos válidos. La contienda la ganó Óscar Berger, candidato de la Gran Alianza Nacional (Gana), mientras que Álvaro

Colom, de la Unidad Nacional de la Esperanza (UNE), quedó en segundo lugar.

El contraste con 1993 era brutal. Diez años antes, la Corte había ganado prestigio al plantarse frente a un presidente golpista, respaldada por la sociedad y el Ejército. En 2003, en cambio, quedó marcada por ceder a la presión de un caudillo y de un partido dispuesto a usar la calle como herramienta de intimidación. Fue la otra cara de la moneda: la Corte, ya no como límite al poder, sino como instrumento capturado por él.

De la defensa de los derechos al sometimiento al poder

Después del triste episodio de 2003, la Corte se renovó en 2006. Y durante los 15 años siguientes —hasta bien entrada la década de 2020— intentó recomponer su imagen, sobre todo de cara al exterior. No siempre fue guardián, pero en más de una crisis supo colocarse como árbitro y apagar incendios que amenazaban con salirse de control.

Un punto de inflexión vino en 2009 y 2010, con las elecciones de magistrados de Corte Suprema y de fiscal general. En esos procesos la Corte hizo algo inédito hasta entonces y admitió amparos presentados por ciudadanos particulares, aun cuando no tenían un interés "personal y directo". En la práctica, abrió la puerta a la "acción popular" a través del amparo, un giro abrupto que respondió a la urgencia de contener una crisis institucional que amenazaba con salirse de control. Ese giro, a la postre, permitió a la sociedad civil empujar litigios estratégicos hasta la Corte.

En 2011, la jugada de Sandra Torres para burlar la prohibición constitucional con un divorcio exprés puso a la Corte otra vez en el centro de la tormenta. A diferencia de 2003, esta vez cerró la puerta: sostuvo que el artículo 186 no es un formalismo y que su propósito es evitar la transmisión dinástica del poder. Un trámite civil no podía tumbar esa prohibición. Bajo fuerte presión social e internacional, la Corte impidió la candidatura y preservó, aunque fuera por un momento, el principio de alternancia.

Pero la Corte también mostró hasta dónde estaba dispuesta a llegar. En 2014, la elección de magistrados de la Corte Suprema estuvo marcada por el pacto entre el Partido Patriota (PP) y Libertad Democrática Renovada (Lider). La CC inicialmente suspendió el proceso por falta de transparencia después de que organizaciones de la sociedad civil presentaran amparos haciendo serios cuestionamientos a la legalidad del proceso, pero terminó convalidándolo y cediendo a la mayoría parlamentaria que sostenía a esos dos partidos. Fue la prueba de que la agenda "pro Estado de derecho" tenía un límite muy claro: el poder político organizado. Paradójicamente, un año más tarde, tanto PP como Lider implosionarían bajo el peso de los casos de corrupción destapados por la Comisión Internacional contra la Impunidad en Guatemala (CICIG).

En 2019 y 2020, con las comisiones de postulación otra vez en crisis, la Corte fue más firme. Suspendió la elección de altas cortes porque no se había cumplido con la evaluación de los candidatos exigida por la Ley de la Carrera Judicial y, más tarde, obligó al Ministerio Público a trasladar al Congreso los señalamientos de falta de honorabilidad. En esos fallos reivindicó principios de independencia judicial y estándares interamericanos, alejándose del legalismo con el que tantas veces había evadido responsabilidades.

En resumen, tras el sometimiento de la Corte a manos del FRG en 2003, la Corte pasó a desempeñar un papel ambiguo: no fue un guardián puro, pero sí un actor capaz de marcar las reglas del juego cuando la crisis lo exigía. Sin embargo, como mostró 2014, sus gestos a favor del Estado de derecho nunca estuvieron del todo libres: la política marcaba el límite, y cuando la mayoría parlamentaria imponía su peso, la Corte cedía. Esa ambigüedad —plantarse en unos casos, replegarse en otros— explica por qué sigue siendo vista como árbitro central en algunos temas y, al mismo tiempo, como un tribunal permanentemente vulnerable a las fuerzas políticas del momento.

Durante la época de tensiones entre el presidente Jimmy Morales y la CICIG se vivió uno de los episodios más claros de esa confrontación y quizás uno de los pocos momentos de nuestra historia democrática en la que había una clara confrontación entre una mayoría de la CC y el poder político. En septiembre de 2017, Morales intentó declarar *persona non grata* al entonces comisionado Iván Velásquez, y fue la Corte de Constitucionalidad la que, mediante un amparo provisional, dejó sin efecto lo actuado por el presidente.

A partir de entonces, se desató un enfrentamiento entre el Ejecutivo, el Congreso y la Corte que terminaría con denuncias contra dos de los tres magistrados que conformaban la mayoría considerada "contraria" a la agenda del presidente y de la coalición oficialista.

No me he detenido en los debates jurídicos de fondo porque difícilmente puede decirse que el conflicto estuviera motivado por un debate sincero sobre la jurisprudencia de la Corte, aunque así lo hayan planteado algunos actores políticos del momento. Basta comparar la línea interpretativa que sostuvo la magistratura 2016-2021, blanco de los ataques de Morales y su coalición, con la actual, para darse cuenta de que muchos de los aspectos que en ese momento fueron objeto de cuestionamientos han aparecido en la posterior magistratura sin provocar hoy una reacción semejante.

Lo que vimos entre 2018 y 2021 fue, en efecto, un intento de la clase política por someter a la Corte con la amenaza de levantar la inmunidad de los magistrados que estaban en la mayoría. La crisis no tuvo un ganador claro: la coalición gobernante que montó la cruzada contra la Corte en el Congreso nunca logró reunir los 107 votos necesarios para levantar su inmunidad. Pero el mensaje quedó registrado para las futuras magistraturas: la Corte puede ser empujada al filo de la guillotina parlamentaria si sus fallos incomodan demasiado.

2023: una de cal y otra de arena

Comencé el capítulo reconociendo que la Corte de Constitucionalidad tuvo un momento decisivo el 14 de diciembre de 2023, cuando otorgó un amparo a un grupo de ciudadanos que pedían proteger la democracia frente a los ataques sistemáticos contra el proceso electoral. Esa decisión garantizó que la transmisión de mando entre Alejandro Giammattei y Bernardo Arévalo se celebrara el 14 de enero de 2024, pese a los intentos de bloquearla. Ya antes, en julio, la Corte había frenado la orden de un juez penal que pretendía suspender al partido Movimiento Semilla en plena segunda vuelta presidencial. En esas ocasiones, la Corte estuvo a la altura: recordó que ningún juez podía, "de un plumazo", anular el voto popular.

Pero también es cierto que la misma Corte desempeñó un papel mucho menos feliz en lo que ocurrió antes y después. Como veremos en el capítulo 7, la democracia guatemalteca estaba ya profundamente deteriorada en 2023. La coalición dominante había recurrido a la ingeniería electoral para impedir la participación de actores políticos incómodos, sin importar su signo ideológico. Y, como siempre, todos esos casos terminaron en la Corte de Constitucionalidad.

Allí llegaron la negativa de inscripción del binomio del Movimiento para la Liberación de los Pueblos (MLP) Thelma Cabrera y Jordán Rodas, la exclusión del binomio de Podemos, conformado por Roberto Arzú y David Pineda y, de manera más escandalosa, la descalificación de Prosperidad Ciudadana, que postulaba a Carlos Pineda y Efraín Orozco a poco más de un mes de la elección, cuando encabezaban las encuestas. En todos estos procesos la Corte actuó con una severidad que no aplicó en otros expedientes.

Porque también se cuestionaron las candidaturas de Sandra Torres —cuyo vicepresidenciable había sido pastor evangélico— y de Zury Ríos, impedida en 2019 por ser hija de un gobernante *de facto*. En esos dos casos, la Corte adoptó un estándar mucho más indulgente. A Torres le bastó probar que su compañero no aparecía inscrito en el registro público de iglesias; a Ríos se le abrió la puerta invocando de forma selectiva los derechos políticos reconocidos por el derecho internacional.

En cambio, al MLP y a Podemos se les cerró el paso sin un análisis serio de derechos humanos, y a Pineda se le aplicó un criterio arbitrario por "irregularidades" en la inscripción de asambleas del partido, aun cuando los plazos legales para cuestionar este extremo ya habían caducado.

Lo que se observó en 2023 fue, en suma, un tribunal que en unas resoluciones se vistió de guardián democrático y en otras avaló el juego del poder. Una Corte capaz de salvar el proceso de transición presidencial, pero también de manipular estándares constitucionales e interamericanos según el caso. Esa mezcla de firmeza y complacencia, de cal y de arena, marcó la elección de 2023 y dejó claro que el guardián de la Constitución no actúa en abstracto: responde a la coyuntura y a las presiones del momento.

No cabe duda: de no ser por la Corte, el 14 de enero de 2024 pudo haber sido peor. Pero también es cierto que el partido de gobierno quedó en una situación compleja por criterios bastante ambiguos de la Corte. Por un lado, la Corte decidió que, aunque los candidatos electos podían asumir sus cargos, los jueces penales sí tienen facultad para "suspender" partidos políticos, algo que los constituyentes claramente habían querido impedir, porque durante las dictaduras militares se usaban estas artimañas para boicotear el funcionamiento de los partidos.

Por otro lado, la Corte asumió un rol protagónico al anular la elección de la junta directiva del Congreso, limitar el margen de acción del partido oficial al impedirle conformar bloque, e incluso conceder un amparo provisional a favor de la fiscal general y en contra del presidente para que no "amenazara" su ejercicio del cargo.

Otros poderes

Además de su diseño particular, la Corte acumula poderes poco comentados que completan la foto.

El primero es su función consultiva y de dictamen previo. En Guatemala existen las llamadas "leyes constitucionales", un puñado de normas que por su peso requieren dos tercios del Congreso y, además, un dictamen favorable de la Corte. En la práctica, esto le da un poder de veto: ninguna reforma a la Ley Electoral ni a la Ley de Amparo, por ejemplo, puede avanzar sin su aval, para lo cual basta el acuerdo de tres personas, es decir, tres magistrados titulares de los cinco que tengan la opinión mayoritaria.

Otra facultad es resolver consultas "en abstracto" que pueden hacerle los órganos del Estado. Es decir, sin un caso concreto de por medio, la Corte puede pronunciarse sobre cómo debe interpretarse una disposición constitucional. Esto no es menor: permite a los actores políticos buscar lecturas favorables a sus intereses.

Un ejemplo fresco fue en 2021, cuando el presidente Alejandro Giammattei formuló varias consultas para acotar la capacidad de fiscalización del Congreso. La Corte emitió tres opiniones que, aunque en algunos puntos parecían obviedades —como que una comisión solo puede citar sobre temas de su competencia o que debe haber *quorum* para obligar a un funcionario—, en otros le dieron al Ejecutivo margen para esquivar a un Congreso incómodo. Por ejemplo, la posibilidad de que un ministro se retire si no hay *quorum* al inicio de la sesión, o que pueda negarse a responder preguntas fuera del tema de la interpelación.

La Corte también acotó los límites de la inmunidad parlamentaria de los diputados, recordando que esta no cubre cualquier opinión fuera del ejercicio de sus funciones. La ambigüedad que dejó en este punto muestra lo delicado que pueden ser estas consultas: con un dictamen, la Corte puede redefinir *de facto* la relación entre poderes del Estado.

Así, además de ser la instancia final en conflictos de poder, la Corte puede mover las líneas de juego incluso antes de que haya un choque frontal. Ese papel como árbitro es lo que explica por qué cada gobierno busca influir en su integración y por qué, a lo largo de estas décadas, ninguna crisis política ha pasado sin que esté en el centro.

Otro poder menos visible, pero crucial, es el de resolver choques entre organismos del Estado. La Constitución le dio esa potestad, llamada "cuestión de competencia". Y aunque casi no se había usado, en 2023 salió a la luz cuando el Tribunal Supremo Electoral pidió a la Corte que definiera si un juez penal podía suspender al partido Movimiento Semilla, que acababa de ganar las elecciones.

La Corte no se borró, pero lejos de aclarar la cuestión, dejó un precedente negativo hacia el futuro y terminó con un fallo a medias tintas. Por un lado, reconoció que en teoría un juez penal puede suspender personas jurídicas si hay indicios de delitos regulados en la ley de crimen organizado. Por otro, recordó que en lo electoral la máxima autoridad es el TSE y que la propia Ley Electoral reserva a ese tribunal la potestad de sancionar, suspender o cancelar partidos. Amarró la competencia penal a condiciones —proporcionalidad, razonabilidad, temporalidad—, pero matizó que, tratándose de partidos en plena contienda, la última palabra la debe tener el TSE.

En otras palabras: no cerró la puerta a los jueces penales. El mensaje fue ambiguo. Ni entregó todo el poder al TSE, ni se lo negó del todo al ámbito penal. Con eso, la Corte volvió a colocarse en el centro como árbitro de los poderes, pero con una resolución más política que jurídica. Y, en los hechos, la crisis de 2023 dejó debilitada la protección constitucional de los partidos políticos: lo que los constituyentes habían blindado en 1985 terminó reducido a un papel mojado.

Conclusión: un sistema que debe cambiarse

La Corte de Constitucionalidad nació como guardiana de la Constitución, pero su diseño la condenó a ser un árbitro a medias de la cuestión política. La hacen frágil las reglas de su integración y su funcionamiento: mandatos de apenas cinco años, renovaciones totales que borran de golpe la memoria institucional, reelecciones que atan a los magistrados a los mismos políticos que deberían vigilar y, peor aún, suplentes que litigan a medio tiempo. Es la receta perfecta para que la Corte nunca llegue a ser un poder realmente independiente.

En teoría debería ser el muro que frene los excesos de los otros poderes. En la práctica, termina siendo un espejo de ellos. Los magistrados piensan desde el primer día en su reelección o en su futuro político. Para reelegirse en el Congreso necesitan el favor de los mismos diputados a quienes deben controlar; para hacerlo en el Colegio de Abogados, deben tejer relaciones en el territorio o incluso con magistrados de la Corte Suprema, a quienes también les tocará vigilar.

A esta fragilidad política se suma un problema estructural: el diseño de la Corte no está hecho para manejar la avalancha de casos que recibe. El exceso de amparos —como vimos en el apartado 4— es parte del problema, pero también lo es la forma en que está organizada la Corte. Cinco magistrados titulares y cinco suplentes de medio tiempo no son suficientes. Se necesita más: magistrados a tiempo completo, divididos en salas para filtrar admisibilidad y reservar el pleno solo para los asuntos de verdadera importancia institucional o política. Además, mandatos largos y sin reelección, con renovaciones parciales, para garantizar continuidad y limitar las presiones coyunturales.

Mientras nada de eso cambie, la Corte seguirá igual: el centro de todas las crisis, pero no un guardián autónomo de la Constitución, sino un tribunal demasiado dependiente de quienes debería vigilar. Esa es la paradoja guatemalteca: entregamos la defensa del orden constitucional a una institución diseñada para ser vulnerable al poder que supuestamente debía controlar.

CUADRO 6.4

Resumen de cambios mínimos que deben plantearse

Problema	Reforma mínima propuesta
Mandatos cortos y reelección	Mandatos más largos (p. ej. nueve años) y sin reelección
Renovación en bloque	Renovación parcial y escalonada por tercios
Suplentes con práctica privada	Eliminar suplentes; todos magistrados titulares y a tiempo completo
Saturación de casos	Dividir en cámaras/salas; pleno solo para asuntos de alto impacto
Todo amparo apelado llega a la CC	Filtro de admisibilidad y selección de casos por importancia constitucional

Fuente: elaboración del autor.

7

El sistema electoral y los partidos políticos

Estos son mis principios, y si no le gustan, tengo otros.

Groucho Marx,
comediante estadounidense

Este capítulo merece una aclaración inicial. La mayor parte del diseño electoral y de los partidos políticos no está en la Constitución propiamente dicha, salvo algunos artículos concretos a los que haremos referencia. Pero también es cierto que, como ya hemos explicado varias veces, la Asamblea Nacional Constituyente de 1985 no se limitó a redactar la Constitución. Dejó listas otras dos leyes clave, llamadas "constitucionales", relevantes tanto por sus materias como por el procedimiento especial que se necesita para reformarlas. Una de ellas es la Ley Electoral y de Partidos Políticos (LEPP), promulgada como Decreto 1-85.

En segundo lugar, este capítulo es importante porque ya hemos visto en los anteriores que buena parte de nuestros problemas son, en esencia, políticos. La reflexión natural del lector es evidente: si el país arrastra crisis recurrentes, la respuesta debe estar en cómo funciona el sistema electoral y cómo operan los partidos políticos.

Tercero, porque desde hace décadas Guatemala vive una democracia peculiar: una en la que los partidos importan poco. Desde 1986 hemos tenido 10 elecciones presidenciales, y cada una ha sido ganada por un partido distinto. Ningún proyecto político ha sobrevivido al poder. Aunque sí sobreviven los candidatos.

Poco conocido era un candidato que en 1999 participó en la carrera por la Municipalidad de Guatemala con la Unidad Nacionalista (UN). Años después, en 2003, volvió a intentarlo con la Democracia Cristiana Guatemalteca (DCG). Luego dio el salto a la competencia presidencial: en 2007 con la Gran Alianza Nacional (Gana), en 2011 con el Centro de Acción Social (Casa), en 2015 con Fuerza y, en 2019, con Vamos, alcanzó la Presidencia de la República. Ese itinerario político, que empieza en partidos hoy casi olvidados y termina en el poder, pertenece nada menos que a Alejandro Giammattei.

No es un caso aislado: abundan los candidatos que han desfilado bajo múltiples banderas partidarias en Guatemala. Muchos lectores probablemente apenas recuerden a Casa o a Fuerza, y eso mismo ilustra la fragilidad de nuestra vida política: partidos que aparecen, compiten y desaparecen como si fueran marcas desechables. Desde 1986, el país ha visto desfilar un centenar de partidos por la arena nacional.

Como veremos en breve, hasta agosto de 2025 había 26 partidos registrados y otros 11 en formación. Esa cifra puede dar la impresión equivocada de que es fácil crear un partido político. Pero no es así, el camino formal exige trámites complejos, estructuras mínimas y requisitos legales que no son fáciles de cumplir.

Pero antes de adentrarnos en el mundo de los partidos políticos, conviene detenernos en un aspecto del sistema electoral que ha sido una verdadera fortaleza de nuestra democracia: el conteo de los votos. Este mecanismo, vigente desde 1984, ha permitido que las elecciones en Guatemala sean limpias, auditables y resistentes al fraude.

El conteo de los votos

Como mencionamos en el capítulo 1, una de las grandes prioridades durante la transición a la democracia fue garantizar elecciones limpias, después de décadas marcadas por fraudes bajo gobiernos militares. En 1982, durante el gobierno de Efraín Ríos Montt, se promulgaron las primeras leyes electorales que sentaron las bases de un nuevo modelo institucional. Allí se diseñó el Tribunal Supremo Electoral (TSE) como lo conocemos hoy, órgano que poco después sería incorporado a la Ley Electoral y de Partidos Políticos (LEPP) redactada por la Asamblea Nacional Constituyente. Gracias a este marco fue posible convocar elecciones en 1984 para elegir a dicha Asamblea y abrir un nuevo capítulo democrático.

En ese arranque tuvo un papel clave Arturo Herbruger Asturias, presidente del primer TSE. Él fue quien imaginó que el sistema debía blindarse con varias capas de seguridad ciudadana y transparencia. Mario Guerra Roldán lo recuerda así en sus *Memorias de un magistrado*:

> El Lic. Herbruger concibió como una figura geométrica para demostrar los elementos que, a su juicio, constituían la máxima garantía de unas elecciones químicamente puras. Así dio vida, desde luego teórica, al Pentágono, en que los lados son: el Padrón Electoral, los fiscales de los partidos políticos; las copias fieles de las actas con los resultados de la votación en cada mesa [...]. También son lados del pentágono, las juntas receptoras de votos y la observación electoral, tanto nacional como internacional.

La metáfora del "pentágono" sintetizaba bien la idea: ninguna autoridad sola podía controlar el proceso; había que construir un entramado de controles cruzados que lo hiciera confiable y a prueba de trampas.

Desde 1984, ese esquema ha permitido elecciones limpias, auditables y, en gran medida, blindadas contra fraudes. No es perfecto, claro, pero funciona. Y justamente por eso, en 2019 y sobre todo en 2023, se volvió blanco de teorías conspirativas que intentaron sembrar desconfianza.

FIGURA 7.1
El pentágono descrito por Arturo Herbruger Asturias

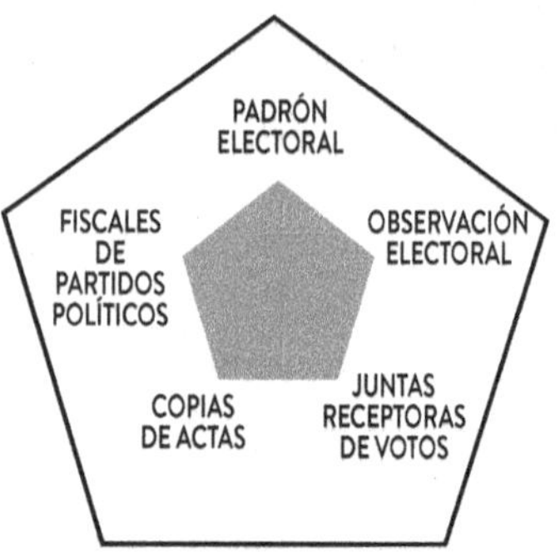

Fuente: elaboración del autor a partir de la teoría de Herbruger.

¿Qué lo hace confiable? Precisamente la lógica del pentágono de Herbruger.

- Las juntas receptoras de votos son integradas por ciudadanos comunes, no por políticos.
- Los fiscales de los partidos vigilan cada mesa y reciben copias certificadas de las actas.
- El padrón electoral organiza quién vota y dónde, y garantiza que nadie vote dos veces.
- Todo el proceso se hace en papel, abierto a la verificación y cotejo.
- Y a esto se suma la observación electoral, nacional e internacional, que refuerza la transparencia.

El padrón electoral

El padrón electoral es el registro de todas las personas guatemaltecas mayores de 18 años habilitadas para votar. Al cumplir la mayoría de edad, tramitamos nuestro Documento Personal de Identidad (DPI) en el Registro Nacional de las Personas (Renap), pero eso no basta: para poder votar hay que empadronarse en el Registro de Ciudadanos, dependencia del TSE. Allí registramos nuestro domicilio y, en función de ello, se nos asigna un centro de votación y una mesa de votación. El día de la elección, cada mesa recibe su listado impreso: si un nombre no aparece en él, esa persona no puede votar.

Las mesas y los fiscales

El proceso arranca en lo más básico el día de la elección: la Junta Receptora de Votos (JRV), esa mesa donde cada ciudadano deposita su papeleta. Son las mesas que todos vemos el día de la votación: allí revisan el padrón, entregan papeletas y supervisan las urnas. Tres voluntarios —un presidente, un secretario y un vocal— custodian los votos. A su lado están los fiscales de los partidos, quienes tienen derecho a estar presentes en cada una de las 24585 mesas distribuidas en más de 3400 centros de votación en todo el país.

Al cierre de la jornada, la JRV cuenta los votos uno por uno, en voz alta y frente a todos. Aquí los fiscales desempeñan un papel crucial: cada partido puede nombrar uno por mesa, y su función es vigilar todo el proceso. Durante el conteo, pueden impugnar votos cuando consideran que no son válidos, por ejemplo, si la marca está fuera del cuadro o no se entiende con claridad.

El resultado final queda consignado en el Acta de Cierre y Escrutinios, documento físico que firman los miembros de la mesa y los fiscales. Ese documento es la pieza clave: cada fiscal recibe una copia certificada, puede fotografiarla y el original sigue su camino hacia las instancias superiores.

El TREP y la innovación tecnológica

En paralelo, en cada centro de votación un informático escanea las actas y las envía al sistema de Transmisión de Resultados Electorales Preliminares (TREP). Conviene insistir: el TREP no tiene valor legal, solo sirve para mostrar resultados preliminares la noche de la elección. Lo que manda siempre son las actas en papel.

En 2023 se añadió una innovación: cada conjunto de actas digitalizadas generaba una huella en la *blockchain* de bitcoin mediante la herramienta Simple Proof. De esa manera, cualquier ciudadano podía verificar en línea que los documentos existían y no habían sido alterados. No sustituía al conteo físico, pero sí añadía una capa extra de confianza y trazabilidad.

Las instancias superiores

Después entra en juego la Junta Electoral Municipal (JEM), que suma todos los resultados de su municipio, publica el total y entrega copias a los fiscales. Un día después, envía actas y materiales a la Junta Electoral Departamental (JED). Esta repite el proceso a nivel departamental, declara resultados municipales y traslada lo relativo a elecciones nacionales al TSE.

Finalmente, es el Tribunal Supremo Electoral quien consolida los resultados de todo el país, resuelve impugnaciones y proclama oficialmente a los ganadores.

Para no perderse en la cadena, vale un pequeño mapa de ruta:

CUADRO 7.1

Nivel	Quién lo integra	Qué hace con los votos
Mesa (JRV)	Tres ciudadanos nombrados por la JEM	Recibe votos, hace el escrutinio, llena y firma el acta; da copia a fiscales.
Municipio (JEM)	Tres ciudadanos nombrados por la JED	Suma mesas de su municipio y traslada los resultados a la JED.

Nivel	Quién lo integra	Qué hace con los votos
Departamento (JED)	Tres ciudadanos nombrados por el TSE	Suma municipios, declara resultados municipales firmes y manda resultados nacionales al TSE.
TSE	Autoridad superior (cinco magistrados titulares y cinco suplentes)	Consolida todo el país, resuelve impugnaciones y proclama ganadores.

Fuente: elaboración del autor.

Un componente esencial del "pentágono" de garantías diseñado desde los años ochenta es la observación electoral. En 2023 participaron más de ocho mil observadores desplegados por todo el país: misiones internacionales, pero también organizaciones nacionales que tuvieron acceso a cada centro de votación y a cada instancia del proceso. Su tarea fue sencilla pero crucial: observar lo que hacía el TSE, las Juntas Receptoras de Votos y las demás instancias, y dar fe de que el mecanismo funcionaba como estaba diseñado.

El detalle clave está en los papeles. Cada mesa no solo cuenta los votos, sino que deja constancia del resultado en actas que circulan en original, duplicado y triplicado. Los fiscales de los partidos se llevan su copia, muchos las fotografían y, además, una de esas copias se transmite desde el centro de votación como resultado preliminar. No es un proceso opaco ni escondido detrás de algoritmos: es papel contado a la vista de todos, y luego digitalizado para agilizar la información. Como retrata con acierto el documental *Democracia de papel*, la confianza electoral en Guatemala descansa precisamente en esos registros físicos que cualquiera puede verificar.

Y, sin embargo, en 2023 este mismo sistema fue objeto de ataques infundados. Se dijo que el TREP estaba manipulado, que las imágenes de las actas tenían "horas alteradas" —cuando en realidad eran los relojes de los escáneres— y que los resultados digitales no coincidían con los físicos. Todo fue revisado en audiencias extraordinarias. En julio de 2023, en un fallo sin precedentes, la Corte de Constitucionalidad ordenó repetir la revisión de escrutinios: las variaciones encontradas nunca superaron el 0.5% y se debieron a errores humanos de transcripción. Ninguna alteró el resultado. Lo que quedó demostrado fue que el mecanismo sí funcionó, y que el verdadero riesgo vino de la ofensiva institucional para desacreditarlo.

Si algo distingue al sistema guatemalteco es que *las elecciones no las cuentan los políticos, las cuentan los ciudadanos.* Cada eslabón tiene testigos, papeles y copias que hacen muy difícil alterar un resultado sin dejar huella. En eso, los "padres fundadores" del modelo electoral hicieron bien su trabajo.

De hecho, resulta casi absurdo que en 2023 se hablara de fraude. El sistema es tan resistente que cualquier partido político —o incluso cualquier persona interesada— puede hacer su propio conteo. Con la tecnología actual es posible acceder en línea a las actas escaneadas de las 24 585 mesas de votación y cruzar los datos. Aún más: cada fiscal de partido se lleva una copia física de cada acta el día de la elección. Es decir, si quienes gritaban "fraude" hubieran querido demostrarlo con pruebas, bastaba con armar un conteo paralelo a partir de las copias que tenían en su poder los fiscales de los más de 22 partidos en contienda. Nunca lo hicieron. Quizás porque, al final, el sistema funciona muy bien. Si hay un aspecto del cual podemos sentirnos orgullosos durante la transición a la democracia es del sistema de conteo de votos que tenemos hoy.

El Tribunal Supremo Electoral: árbitro bajo asedio

El último eslabón del sistema electoral guatemalteco es el Tribunal Supremo Electoral (TSE). La ley lo define como la máxima autoridad en materia electoral, independiente de cualquier otro organismo del Estado. Suena bien, pero lo concreto es esto: el TSE convoca elecciones, organiza todo el proceso, proclama ganadores y puede sancionar o cancelar partidos. En pocas palabras, es el árbitro del sistema electoral.

El Congreso elige a cinco magistrados titulares y cinco suplentes de una nómina de 20 candidatos que arma una Comisión de Postulación. A diferencia de las otras comisiones de postulación, esta es más pequeña. Esta comisión se conforma así:

1. El rector de la Universidad de San Carlos de Guatemala (USAC), quien la preside.
2. Un representante de los rectores de universidades privadas.
3. Un representante del Colegio de Abogados y Notarios de Guatemala (CANG), electo en Asamblea General.
4. El decano de la Facultad de Ciencias Jurídicas y Sociales de la USAC.
5. Un representante de los decanos de las facultades de Derecho de las universidades privadas.

El periodo de los magistrados es de seis años y deben reunir las mismas cualidades que un magistrado de la Corte Suprema de Justicia. Los titulares no pueden litigar ni asesorar a partidos políticos mientras están en el cargo, pero los suplentes sí pueden seguir ejerciendo su profesión, salvo en asuntos electorales. La presidencia rota cada año entre los titulares, de mayor a menor edad.

Ese diseño buscaba garantizar independencia. Pero volvemos al mismo problema que implica cambiar a los cinco magistrados titulares y sus cinco suplentes de tajo cada seis años. Sin duda es un factor que le resta independencia de la clase política. Al fin y al cabo, es el Congreso quien los elige.

Pero haría una diferencia importante, como en los otros casos, una designación escalonada y con renovaciones parciales.

Pero además los ataques que vimos después de las elecciones de 2023 no tienen precedentes en nuestra historia democrática. El Ministerio Público allanó la sede del TSE y se llevó más de 125 mil documentos electorales originales, incluyendo actas de la primera vuelta. Procesó penalmente al director de informática por supuestas irregularidades en el sistema de resultados preliminares y abrió investigaciones contra juntas electorales municipales y departamentales, integradas por ciudadanos voluntarios.

Para colmo, tras una acusación por supuesta valoración de equipo informático, en diciembre de 2023 el Congreso les retiró la inmunidad a cuatro de los cinco magistrados titulares del TSE. Al abrirse el proceso penal en su contra, una corte suspendió a estos cuatro magistrados titulares, dejando al tribunal funcionando con suplentes.

Esto último no es un detalle menor. Como he dicho antes, la LEPP obliga a los titulares a dedicación exclusiva, mientras que los suplentes pueden seguir ejerciendo su profesión. El diseño nunca fue que el tribunal funcionara con suplentes de forma permanente como ha ocurrido desde enero de 2024. Y la presidencia, que debía rotar cada año entre los cinco titulares, quedó concentrada en la única magistrada titular en funciones.

En resumen: el TSE fue pensado como un árbitro independiente, pero hoy opera debilitado. Y en un país donde los votos todavía se cuentan en papel y con ciudadanos comunes, un árbitro débil es el punto más fácil de atacar para quienes quieren torcer el resultado.

Los partidos políticos

Los partidos políticos son el engranaje básico de cualquier democracia moderna. A simple vista parecen solo un conjunto de siglas, colores y candidatos, pero en realidad cumplen una función mucho más profunda: hacen posible que millones de ciudadanos dispersos organicen su representación en el poder.

En teoría, cumplen tareas que se entrelazan. Simplifican la política al traducir la diversidad caótica de intereses en unas pocas propuestas que se pueden discutir y votar. Forman y reclutan a quienes aspiran a cargos públicos y les dan una plataforma para competir. Después de las elecciones, permiten que existan mayorías capaces de gobernar y minorías que hagan oposición, garantizando así un mínimo de orden. En principio, deberían ofrecer continuidad más allá de los líderes y, sobre todo, rendir cuentas ante los electores. Por eso tantos teóricos repiten que la democracia moderna es impensable sin partidos.

El problema es que, aunque son muy importantes, los partidos atraviesan una crisis de legitimidad. La gente se identifica cada vez menos con ellos, la participación ciudadana organizada dentro de sus filas se ha desplomado y la volatilidad del voto crece. En otras palabras, son cada vez más débiles para cumplir con esa tarea básica de ser el puente entre ciudadanía y poder.

Este desgaste no es exclusivo de Guatemala ni de América Latina. También se ve en democracias consolidadas: menos afiliados, menos lealtad partidaria y electores que deciden tarde o cambian con facilidad. Los partidos, que antes organizaban casi en solitario la vida política, ahora compiten con candidatos "independientes", movimientos sociales y grupos de presión.

En Europa, el declive se agudizó después de la crisis financiera de 2008. El apoyo a los partidos tradicionales se desplomó: la gente los percibe como burocracias, más preocupadas por administrarse a sí mismas que por representar a los ciudadanos. En el último Eurobarómetro, solo el 21.8% de los encuestados dijo confiar en ellos, colocándolos en último lugar, incluso por debajo de la policía, el Ejército o el Parlamento.

Aun así, siguen siendo actores centrales: organizan gobiernos, controlan parlamentos y, aunque pierden militantes o fidelidad, todavía estructuran la política.

En América Latina la situación es más grave. Aquí no solo pierden legitimidad: en buena parte de la región, nunca lograron consolidarse como verdaderos intermediarios. Los partidos en Guatemala, además, son efímeros, personalistas y sin raíces sociales duraderas.

Las cifras hablan solas: en promedio, solo un 17% de latinoamericanos confía en los partidos; en Guatemala, apenas un 14%. Para comparar, en Guatemala, la Iglesia supera el 70% y hasta el Ejército, con todos sus problemas, duplica en respaldo a los partidos. La paradoja es que la democracia necesita partidos, pero los ciudadanos los ven como las instituciones menos confiables.

En el caso peruano se acuñó la idea de "vaciamiento democrático": partidos convertidos en cascarones legales que solo sirven para inscribir candidatos. El resultado: fragmentación, circulación constante del poder y desconexión radical entre sociedad y política.

Guatemala encaja perfectamente en este diagnóstico. Aquí los partidos, además de ser los menos confiables, carecen de vínculos sólidos con la ciudadanía. Funcionan como plataformas personales, sin proyecto ni continuidad. En este contexto, no sorprende que cada elección sea una lotería y que la democracia corra el riesgo de vaciarse desde dentro: no por la concentración del poder en un caudillo, sino por la disolución del vínculo entre electores y representantes.

¿Por qué no hay partidos políticos de verdad en Guatemala?

La respuesta no es simple. Para entenderla conviene acudir a lo que han señalado los politólogos y luego ver cómo encaja en el modelo guatemalteco.

El profesor Omar Sánchez-Sibony habla de un "no sistema" poblado por partidos disminuidos: etiquetas legales sin raíces sociales, que coordinan mal a sus políticos "por dentro" y representan poco "hacia fuera". El resultado es una política centrada en personas, no en proyectos, y en incentivos de corto plazo, no en marcas colectivas.

Los números confirman esta idea. La identificación partidaria (si hay algún partido que la represente) en Guatemala ha sido la más baja de la región: en las encuestas del Laboratorio LAPOP promedió 12% entre 2004 y 2017, con un piso de 5.9% en 2016. En este escenario, casi todo el electorado son votantes flotantes, que cambian de opción con facilidad y generan una volatilidad altísima: el voto salta de partidos grandes a vehículos nuevos o pequeños elección tras elección.

Esa flotación se refleja en la dispersión del voto. Desde los noventa, ningún ganador de primera vuelta ha superado el 17% del padrón electoral.

En 2023, Movimiento Semilla ganó la Presidencia tras obtener solo 12% del voto válido en primera vuelta, y en 2019 Alejandro Giammattei lo hizo con apenas el 14%. El mandato con que se llega al poder es, de inicio, muy débil. Como regla, cada ciclo presidencial lo gana un partido distinto: no hay lealtades que sobrevivan ni un verdadero "partido de gobierno".

Esto contrasta con la región. En El Salvador, los partidos políticos tradicionales colapsaron con el triunfo de Nayib Bukele en 2019, pero hasta entonces dos partidos dominaban la escena política: a la derecha la Alianza Republicana Nacionalista (Arena) y a la izquierda el Frente Farabundo Martí para la Liberación Nacional (FMLN). En Honduras, también dominaron la escena política por décadas el Partido Nacional de Honduras (PHN) y el Partido Liberal de Honduras, hasta el ascenso al poder del Partido Libertad y Refundación (Libre) de Mel Zelaya y Xiomara Castro en 2021.

En Guatemala, en cambio, por dentro, los partidos se parecen más a franquicias que a organizaciones, como lo señala el politólogo Jonatán Lemus: muchos candidatos a alcaldías compiten con un rótulo sin estructura real en el municipio y la figura dominante es el cacique local que "alquila" una sigla para postularse —si los incentivos cambian, cambia de símbolo partidario—, lo que explica el transfuguismo crónico visto en el Congreso, como lo explicamos en el capítulo 3: bancadas que se inflaban o desinflaban según el acceso a recursos y partidos que se fracturan en cuanto termina el ciclo de gobierno.

Esa lógica de vehículo coyuntural se combinó con una fragilidad interna: en ausencia de ideología o reglas claras, los conflictos entre líderes terminan en rupturas; así se deshicieron o se partieron formaciones que parecían institucionalizadas —la Democracia Cristiana Guatemalteca (DCG), la Unión del Centro Nacional (UCN) (no confundir con la Unión del Cambio Nacional de Mario Estrada fundado en 2006) y el Partido de Avanzada Nacional (PAN)—; la UCN se desmoronó tras el asesinato de Jorge Carpio Nicolle; el PAN se dividió en 1999 entre arzuistas y recién llegados; y la UNE —aunque fue el único vehículo con algo de "marca" en áreas rurales gracias a las transferencias— ha sufrido escisiones masivas y hoy depende del liderazgo personalista de Sandra Torres. En todos los casos, la falta de cohesión convirtió a los partidos en cascarones que no sobrevivieron a sus líderes ni a sus disputas.

Según Sánchez-Sibony, detrás de estas dinámicas hay tres factores estructurales que explican por qué no hay partidos políticos en Guatemala:

1. **Ausencia de marcas partidarias.** Ningún partido ha creado una identidad reconocible y duradera que trascienda a sus caudillos. Predominan las "marcas personales", con el candidato como verdadero producto electoral. Por eso los partidos desaparecen con sus líderes.

2. **Un entorno de legitimidad negativa.** La desconfianza hacia la política es tan profunda que los partidos inician con déficit de credibilidad: se les percibe como corruptos, ineficaces o "más de lo mismo". Incluso los que parecen promisorios se desgastan rápido.
3. **Debilidad estructural del Estado.** Guatemala no ofrece recursos estables de poder ni incentivos para organizarse a largo plazo. El acceso al Estado depende de ciclos cortos: se gobierna con pocos votos y bajo fuertes restricciones, lo que fomenta cortoplacismo, clientelismo y fragmentación.

A esto se sumó la crisis de los partidos tradicionales después del Serranazo de 1993. Tras el autogolpe fallido de Jorge Serrano Elías y la posterior depuración del Congreso, las principales formaciones —la Democracia Cristiana, la UCN y el MLN— quedaron pulverizadas. Ese episodio marcó la muerte prematura de los partidos históricos y abrió la era de los vehículos personalistas y efímeros.

En resumen, los partidos en Guatemala son débiles hacia fuera —no logran generar identidad en los votantes— y frágiles hacia dentro —se fragmentan y desaparecen—. Esto crea un círculo vicioso: los ciudadanos desconfían de los partidos, los políticos los usan como vehículos de ocasión y la democracia se queda sin estructuras estables.

Con el tiempo, los políticos aprendieron que se puede ganar elecciones sin un partido sólido. Basta con un vehículo de ocasión —una sigla inscrita, recursos para financiar la campaña y el capital personal del candidato— para competir. Esa lección se volvió regla, eliminando incentivos para invertir en organizaciones duraderas.

De aquí surge otro fenómeno: candidatos sin partido y partidos sin candidato. Los primeros son aspirantes que cada cuatro años buscan qué rótulo usar, como quien elige casilla en un mercado. Los segundos son cascarones legales que solo existen cuando alguien decide financiarlos o encabezarlos. La política guatemalteca funciona en ese doble vacío: partidos sin gente y gente sin partido.

En lugar de construir estructuras partidarias, los actores se apoyan en sustitutos organizativos. Ejemplos abundan: medianos empresarios —a menudo enriquecidos por la corrupción de la obra pública— que montan plataformas desde sus redes privadas; o alcaldes y diputados-caciques cuya marca personal pesa más que cualquier sigla. Estas formas sustituyen al partido como organización y refuerzan la idea de que basta un cascarón para llegar al poder.

El efecto es autorreforzador: cada elección confirma a los políticos que no necesitan partidos para triunfar, y a los votantes que no vale la pena confiar en ellos. Se genera así un círculo vicioso: mientras más candidatos triunfan con vehículos desechables o marcas personales, menos incentivos existen para construir partidos reales.

La receta para crear un partido político

Antes de hablar de la tesis del partido-franquicia, vale la pena detenernos en algo más básico: ¿qué significa, en la práctica, fundar un partido en Guatemala? La Ley Electoral y de Partidos Políticos (LEPP) lo regula con lupa: no basta con tener un logo y un nombre atractivo, hay que cumplir con un mínimo de afiliados, estructuras internas y presencia territorial.

La ley exige afiliar, como requisito mínimo, al 0.3% del padrón electoral de la última elección En 2023, con más de 9.3 millones de empadronados, eso significa que cada partido debe reunir a unos 28 mil ciudadanos inscritos. Y ojo: no es solo juntar firmas en la capital. Esos afiliados deben estar distribuidos en al menos 50 municipios de 12 departamentos.

Cómo se arma la estructura

Cada municipio necesita al menos 40 afiliados para convocar una asamblea municipal y elegir un Comité Ejecutivo Municipal.

Con cuatro municipios organizados, ya se puede armar la asamblea departamental y su comité respectivo.

Al final, todos esos engranajes confluyen en la Asamblea Nacional, que elige al Comité Ejecutivo Nacional (CEN), que es quien define la línea política y proclama al binomio presidencial.

La ley también exige un número mínimo de integrantes en cada comité:

CUADRO 7.2

Nivel del partido	Miembros titulares mínimos	Suplentes mínimos	Total mínimo por comité
Comité Ejecutivo Municipal	9	3	12
Comité Ejecutivo Departamental	9	3	12
Comité Ejecutivo Nacional	15	3	18

Fuente: elaborado por el autor como síntesis de lo expuesto.

En otras palabras, además de los miles de afiliados, el solo funcionamiento legal de la estructura mínima requiere cientos de dirigentes repartidos en todo el territorio.

¿Cuánta gente? Veamos:

- 50 comités ejecutivos municipales × 12 miembros cada uno = 600 personas.
- 12 comités ejecutivos departamentales × 12 miembros cada uno = 144 personas.

- 1 Comité Ejecutivo Nacional con al menos 18 miembros = 18 personas.

Si hacemos cuentas, el mínimo es de 762 dirigentes repartidos en todo el país, además de los más de 28 mil afiliados. Y todavía faltan otros órganos, como el Tribunal de Honor o el Órgano de Fiscalización Financiera.

Montar todo esto no es nada barato. Cada asamblea implica transporte, alquiler de locales, papelería, personal y hasta sedes físicas. Y por ley deben hacerse de forma presencial. De ahí que muchos partidos opten por el camino más práctico: organizar lo mínimo legal (12 departamentos y 50 municipios) en lugar de desplegarse realmente en los 22 departamentos.

Democracia interna... en el papel

El diseño legal busca que los partidos funcionen de abajo hacia arriba:

- las asambleas municipales proponen candidatos a alcaldes,
- las departamentales a diputados,
- y la nacional proclama al binomio presidencial.

Incluso, la reforma electoral de 2016 introdujo la elección proporcional en los órganos ejecutivos para evitar que una sola facción controle todo el partido. En teoría, esto asegura más democracia interna. En la práctica... ya sabemos que la historia suele ser otra.

El diseño legal, en apariencia, obliga a que los partidos tengan vida desde abajo hacia arriba, con asambleas que no solo reproducen democracia interna, sino que deberían garantizar articulación territorial. En teoría, los candidatos municipales surgen de la asamblea municipal, los diputados distritales de la departamental y el binomio presidencial de la nacional. Incluso la reforma de 2016 incorpora un mecanismo de representación proporcional en la elección de los órganos ejecutivos, supuestamente para impedir que una sola facción capture al partido.

¿Qué voz real tiene el afiliado en la elección de candidaturas?

Al inicio, la militancia sí decide directamente. En la Asamblea Municipal, todas las personas afiliadas del municipio (al menos 40, como establece la ley) eligen al Comité Ejecutivo Municipal, proclaman la candidatura a la alcaldía y designan a dos delegadas o delegados para los niveles superiores.

A partir de ese punto, la participación deja de ser directa:

- En la Asamblea Departamental, ya no votan todas las personas afiliadas, sino únicamente las delegadas y delegados municipales.
- En la Asamblea Nacional, ocurre lo mismo: participan dos delegadas o delegados por cada municipio con organización partidaria vigente.

Lo que la ley imagina como una pirámide de participación ascendente termina funcionando como un embudo de representación. En la práctica, un grupo pequeño de delegadas y delegados concentra el poder de elegir al Comité Ejecutivo Nacional y proclamar al binomio presidencial.

Cuadro 7.3 Órganos partidarios y proclamación de candidaturas

Cargo o lista	Quién decide	Quiénes participan y cómo
Alcaldía y corporación municipal	**Asamblea Municipal**	Participan todas las personas afiliadas del municipio. Es el único nivel donde la militancia ejerce voto directo. La Asamblea elige las candidaturas locales y al Comité Ejecutivo Municipal, que representa al partido en el municipio.
Diputaciones distritales (departamentales)	**Asamblea Departamental**	Solo votan las delegadas y delegados municipales. Cada municipio con organización partidaria vigente envía representantes elegidos en su Asamblea Municipal. Si el partido no cuenta con organización departamental, la Asamblea Nacional asume la decisión.
Diputaciones por lista nacional	**Asamblea Nacional**	Integrada por dos delegadas o delegados por cada municipio con organización partidaria vigente, elegidos en las Asambleas Municipales. La Asamblea Nacional elige la lista nacional de diputaciones y también al Comité Ejecutivo Nacional.
Representación al Parlamento Centroamericano (Parlacen)	**Asamblea Nacional**	Las mismas delegadas y delegados que integran la Asamblea Nacional eligen y proclaman a quienes ocuparán estas candidaturas.
Binomio presidencial (Presidencia y Vicepresidencia)	**Asamblea Nacional**	Solo votan las delegadas y delegados nacionales. Para proclamar al binomio se requiere una mayoría calificada del 60 % de los votos. La Asamblea Nacional también puede acordar que la elección se realice mediante votación directa de toda la militancia, según lo permite la ley.
Candidaturas municipales sin organización partidaria	**Comité Ejecutivo Nacional**	Cuando no existe organización en un municipio, las candidaturas locales son designadas directamente por el Comité Ejecutivo Nacional.
Diputaciones en departamentos sin organización partidaria	**Asamblea Nacional**	Si el partido no tiene organización vigente en un departamento, las candidaturas se eligen y proclaman desde la Asamblea Nacional.

Fuente: Elaboración propia a partir de los artículos 25 al 29, 37, 46, 47 y 49 de la Ley Electoral y de Partidos Políticos.

El partido como franquicia

Con esta arquitectura legal en mente, se entiende mejor la idea del "partido-franquicia". En Guatemala, los partidos políticos funcionan menos como organizaciones que crecen desde sus bases y más como marcas controladas desde el centro.

El Comité Ejecutivo Nacional actúa como el "dueño" de esa marca y la cede temporalmente a liderazgos territoriales durante el ciclo electoral.

El intercambio es sencillo:

- Desde el centro se ofrece el rótulo del partido y la casilla electoral, es decir, la "marca".
- Desde los territorios se aporta lo mínimo: la organización legal en algunos municipios, la operación electoral y los votos.

Así se cumplen los requisitos de la ley, se proyecta la figura del binomio presidencial y se conforman las listas de candidatos a diputados distritales y corporaciones municipales. A cambio, los liderazgos locales obtienen candidaturas y la expectativa de ocupar cargos públicos.

El control de la afiliación: la llave de las cúpulas

Cuando termina cada elección, la "franquicia" suele apagarse hasta el siguiente ciclo político. Pero hay un elemento que mantiene vivo el poder de las cúpulas: la afiliación.

Afiliarse a un partido no es un derecho automático. La persona interesada debe acudir a la organización, solicitar su ingreso y es la dirigencia quien decide si acepta o no. Es decir, el partido controla su propio padrón.

De igual forma, la expulsión de afiliadas y afiliados también se decide desde arriba: el Tribunal de Honor y, en última instancia, el Comité Ejecutivo Nacional pueden excluir rápidamente incluso a diputadas y diputados. Como se explicó en el capítulo 3, esta potestad convierte la expulsión en un arma política que puede dejar a representantes sin partido y, por tanto, debilitados dentro del Congreso.

El resultado es que, aunque la ley sugiere un partido que respira "desde abajo", en la práctica el poder se concentra arriba, en órganos reducidos que administran la marca, validan los comités y distribuyen las candidaturas en los territorios sin organización partidaria.

El afiliado común: una voz simbólica

El afiliado común termina con un papel casi simbólico. Las cúpulas privilegian a quienes tienen capacidad de movilización y posibilidad de atraer votos. La afinidad ideológica, la militancia sostenida o la trayectoria partidaria pesan menos que la promesa de rendimiento electoral.

Al mismo tiempo, los liderazgos locales también hacen su cálculo: si un partido parece competitivo, sobre todo por la fuerza de su candidatura presidencial, su "franquicia" vale más. Si no, buscan otra bandera.

Por eso, cerca del cierre de inscripciones, es común ver candidatos sin partido y partidos sin candidato. La oferta y la demanda se encuentran al final del proceso, mientras las estructuras partidarias permanecen inactivas durante el resto del tiempo.

Candidatos sin partido y partidos sin candidato

El caso de Prosperidad Ciudadana refleja esta lógica. El partido nació bajo el liderazgo del exalcalde de Villa Nueva, Edwin Escobar, a quien no se le permitió competir como candidato presidencial en 2019. Tras su salida, la agrupación fue tomada por nuevas dirigencias, principalmente un grupo de diputados independientes que habían abandonado otros partidos y conservaron la ficha legal de Prosperidad Ciudadana.

Por su parte, Carlos Pineda había ganado notoriedad y popularidad en tiempo récord, pero no contaba con vehículo electoral para participar en las elecciones de 2023. El encuentro fue casi natural: un partido sin candidato y un candidato sin partido.

Prosperidad Ciudadana ofrecía la casilla; Pineda aportaba su arrastre popular. La relación era mutuamente beneficiosa: el presidenciable ganaba estructura, y las candidaturas a diputaciones y alcaldías multiplicaban sus posibilidades de éxito gracias a su imagen.

La historia terminó abruptamente en mayo de 2023, cuando la Corte de Constitucionalidad confirmó la anulación de la candidatura de Carlos Pineda en una decisión ampliamente cuestionada. El tribunal validó un amparo provisional otorgado por una Sala de la Corte de Apelaciones, que no solo excluía al candidato, sino que dejaba fuera a todo el partido Prosperidad Ciudadana, alegando supuestas irregularidades en sus asambleas internas ocurridas meses antes, incluso previas a la convocatoria electoral.

La resolución, inédita en su alcance y efectos, implicó la descalificación total de la agrupación, y por eso la alianza entre Pineda y el partido se quebró por completo, pues Prosperidad Ciudadana quedó imposibilitado de participar en aquellas elecciones.

El incentivo económico

A todo esto se suma un factor práctico: organizar cuesta dinero. La conducta racional de los partidos no es desplegar maquinaria en los 22 departamentos, sino cumplir lo mínimo que la ley exige: 12 departamentos y 50 municipios. Además, como la ley permite que el comité nacional designe candidatos en lugares donde no hubo asambleas, el centro conserva la llave incluso en esos vacíos.

En conclusión, el poder en los partidos guatemaltecos no fluye de abajo hacia arriba. Se concentra en la cúpula, que administra afiliaciones, controla expulsiones y maneja la marca como una franquicia que se "arrienda" en cada ciclo electoral.

Así, el modelo de "partido franquicia" que describió Jonatán Lemus en 2013 sigue teniendo vigencia en buena medida, aunque con matices. En aquel entonces dominaban grandes maquinarias como Lider de Manuel Baldizón o el Partido Patriota de Otto Pérez Molina, organizaciones con presencia territorial nacional y capacidad de arrastre masivo. Hoy el panorama cambió: ya no existen partidos con ese nivel de implantación en todo el país y son pocos los candidatos capaces de construir una marca de alcance nacional y de atraer un tercio de los votos o más.

Sin embargo, las elecciones de 2023 demostraron que la lógica sigue siendo válida. Ningún partido que no postulara candidato presidencial logró obtener diputaciones. Ejemplos claros fueron el MLP y Podemos, que tras la descalificación de sus presidenciables quedaron sin representación en el Congreso.

Aunque los partidos sean ahora más pequeños, los presidenciables siguen funcionando como imanes para caudillos locales que buscan reelegirse o asegurar una curul. Sandra Torres, en cada una de sus candidaturas en 2015, 2019 y 2023, ha logrado mantener bancadas relevantes en el Congreso gracias a su reconocimiento de marca. Algo parecido ocurrirá seguramente también con figuras como Carlos Pineda o Roberto Arzú, cuya sola presencia genera adhesiones de liderazgos territoriales en busca de un vehículo electoral.

En otras palabras, aunque hayan cambiado las proporciones, el mecanismo es el mismo: los partidos son cáscaras organizativas cuya viabilidad depende de tener un candidato presidencial con suficiente arrastre para sostener la estructura y atraer alianzas.

La paradoja final: muchos partidos, poca competencia real

Como ya explicamos en el apartado 3, el diseño electoral guatemalteco favorece la proliferación de partidos: distritos pequeños que inflan a los más votados, distritos grandes que permiten entrada a minoritarios y una lista nacional que asegura la supervivencia de siglas con porcentajes bajos. Esa combinación explica por qué, aunque armar un partido sea un proceso costoso y engorroso, una vez inscrito el costo-beneficio cambia: incluso estructuras mínimas logran representación en el Congreso con menos del 3% de los votos válidos.

De allí la paradoja: montar un partido requiere decenas de miles de afiliados, asambleas en medio país, cientos de dirigentes y mucho dinero. Y, sin embargo, la boleta electoral se llena una y otra vez de siglas nuevas. En las elecciones de 2023 participaron 26 partidos. Invito al lector a intentar nombrar más de cinco: es difícil, pese a la abundancia.

Actualmente aún hay 26 partidos inscritos, aunque seis están en proceso de cancelación. Hasta agosto de 2025, otros 10 estaban en etapa de formación. Dos ya habían superado el umbral de 28 mil afiliados y al menos otros dos pasaban de los 15 mil. Más que vida orgánica, lo que vemos son marcas electorales que abren y cierran como franquicias en cada ciclo.

Partidos políticos vigentes en 2025 (por orden de año de creación)

CUADRO 7.4

	Nombre	Siglas	Afiliados	Año de creación
1	Unidad Revolucionaria Nacional Guatemalteca	URNG-Maiz	25 830	1998
2	Unidad Nacional de la Esperanza	UNE	87 801	2002
3	Partido Unionista	Unionista	25 416	2002
4	Bienestar Nacional	Bien	24 244	2002
5	Visión con Valores	Viva	29 325	2007
6	Movimiento Político Winaq	Winaq	24 879	2007
7	Victoria	Victoria	25 268	2008
8	Compromiso, Renovación y Orden	Creo	25 732	2011
9	Todos	Todos	29 032	2012
10	Valor	Valor	31 690	2017
11	Vamos por una Guatemala Diferente	Vamos	42 025	2017
12	Comunidad Elefante	Elefante	29 941	2020
13	Voluntad, Oportunidad y Solidaridad	VOS	31 923	2020
14	Partido Azul	Azul	30 915	2022
15	Partido Político Nosotros	PPN	30 399	2022
16	Cabal	Cabal	34 105	2022
17	Cambio	Cambio	28 780	2023
18	Jaguar	Jaguar	29 945	2025
19	Nuevos Tiempos	NT	30 718	2025

	Nombre	Siglas	Afiliados	Año de creación
20	Partido Verde Guatemalteco	PV	26 765	2025
21	Partido de Avanzada Nacional*	PAN	39 888	1989
22	Frente de Convergencia Nacional*	FCN-Nación	26 278	2008
23	Podemos* (fundado en 1998, pero con dos cambios de nombre)	Podemos	25 202	2018
24	Partido Popular Guatemalteco*	PPG	25 977	2020
25	Prosperidad Ciudadana*	PC	25 664	2016
26	Partido de Oportunidades y Desarrollo*	Poder	26 250	2023

Fuente: Tribunal Supremo Electoral. Registro hasta septiembre de 2025.
* En realidad, estos seis partidos deberían estar cancelados por no obtener ninguna diputación, pero el Tribunal Supremo Electoral ha demorado su decisión de cancelarlos. Hasta agosto de 2025 aún continuaban inscritos.

El juego, como vimos también en el apartado 3, es sobrevivir. Para lograrlo, los partidos deben cumplir con requisitos que en la práctica son caros y engorrosos: organizar más de 60 asambleas presenciales en todo el país y lidiar con un sistema de afiliación anacrónico basado en hojas firmadas a mano, con un alto porcentaje de rechazos en el Registro de Ciudadanos.

La Ley Electoral establece que si un partido no obtiene al menos el 5% de votos válidos en la elección presidencial o al menos un diputado al Congreso, pierde automáticamente su inscripción. Esa regla debería haber implicado la cancelación de seis partidos desde que terminaron las elecciones de 2023, aunque hasta septiembre de 2025 el Tribunal Supremo Electoral seguía demorando su ejecución.

En resumen, lo que parece una abundancia de opciones es, en realidad, un mecanismo perverso: pocos partidos sobreviven como organizaciones sólidas, pero muchos alcanzan premios políticos suficientes para hacer rentable la creación de siglas nuevas.

Los comités cívicos electorales

Frente a la maquinaria engorrosa y costosa que implica levantar un partido político nacional, la Ley Electoral prevé una alternativa más ligera y local: los comités cívicos electorales. Estas organizaciones son de carácter temporal y solo pueden competir en el ámbito municipal. Dicho de otro modo, pueden postular planillas para corporaciones municipales, pero *no* presentar candidatos a diputaciones ni a la presidencia.

Mientras que un partido necesita más de 28 mil afiliados, presencia en al menos 12 departamentos y cientos de dirigentes, un comité cívico se organiza con mucho menos. El requisito depende del tamaño del padrón municipal:

CUADRO 7.5

Padrón municipal	**Afiliados mínimos requeridos**
Hasta 5000	100
5001-10 mil	200
10001-20 mil	400
20001-50 mil	600
50001-75 mil	1000
75001-100 mil	1250
Más de 100 mil	1500

Fuente: Ley Electoral y de Partidos Políticos, artículo 99.

Con este número de afiliados, basta levantar un acta constitutiva, inscribirse en la delegación local del Registro de Ciudadanos y formar una junta directiva de al menos 15 miembros, que fija la línea política, organiza la campaña y nombra fiscales para la elección.

En la práctica, los comités cívicos funcionan como una vía rápida para competir en elecciones municipales, con reglas más simples y menores costos que los partidos. Sin embargo, su alcance es limitado:

- solo pueden postular candidatos a la alcaldía y al concejo municipal;
- no pueden presentar diputados ni binomio presidencial;
- se disuelven automáticamente al concluir la elección.

No tienen permanencia ni estructura duradera: nacen para una elección y desaparecen después. Si quieren participar de nuevo, deben volver a fundarse desde cero.

Eso no significa que carezcan de importancia. En municipios pequeños y medianos, un comité que logre articular un liderazgo fuerte puede competir de tú a tú contra planillas de partidos nacionales. En algunos casos, se convierten en vehículos de liderazgos comunitarios que no encuentran espacio en las maquinarias partidarias. Pero su misma naturaleza temporal los hace frágiles: lo que se arma para una elección se desarma al terminarla.

En 2023, 20 comités cívicos ganaron 20 de las 340 alcaldías en disputa.

Cuadro 7.6

Partido	Alcaldías ganadas
Vamos	132
Cabal	50

Partido	Alcaldías ganadas
UNE	39
Comités Cívicos	20
Todos	15
Valor	14
Partido Nosotros	10
Valor-Unionista	9
Viva	9
Bien	6
Cambio	5
Podemos	5
Victoria	5
Humanista	4
Creo	3
Azul	2
Elefante	2
MLP	2
URNG-Maiz	2
Unionista	2
Partido Popular	1
Semilla	1
Winaq	1
VOS	1
Total alcaldías	**340**

Fuente: elaboración del autor con datos de la Memoria Electoral de las Elecciones Generales 2023 del Tribunal Supremo Electoral.

Si revisamos los municipios donde triunfaron, ninguno supera los 75 mil empadronados. Esto confirma que los comités cívicos son eficaces sobre todo en espacios locales y pequeños, donde el peso de un liderazgo comunitario vale más que la maquinaria nacional.

Cuadro 7.7

Departamento	Municipio	Padrón	Ganador	% de votos más votado	Segundo lugar	% de votos segundo lugar
Chimaltenango	Chimaltenango	57726	Comité Cívico Honradez, Independiente Chimaltenango (CHICH)	23.36	Vamos	18.20
Sololá	Sololá	52409	Comité Cívico Sololateco Unidos para el Desarrollo (SUD)	39.59	URNG-Maiz	35.54
Zacapa	Zacapa	40974	Comité Cívico R-19 Por Amor a Zacapa (CCR-19 PAZ)	52.70	Cabal	21.04
Petén	Sayaxché	40118	Comité de Amigos de Buena Respuesta al Desarrollo (CABRA)	28.41	Vamos	27.94
Sacatepéquez	Antigua Guatemala	39099	Comité Cívico Futuro	25.24	Todos	22.44
Jutiapa	Asunción Mita	33332	Comité Cívico Miteco (Cocimi)	44.78	Valor	22.08
Baja Verapaz	Rabinal	23399	Comité Cívico El Chilate (Cociech)	36.81	UNE	31.71
San Marcos	Ayutla	22037	Comité Cívico Crecer (CCC)	50.72	UNE	41.22
Sacatepéquez	Sumpango	20604	Comité Cívico Somos Sumpango	22.78	CC Nuevo Amanecer	21.24
Chimaltenango	Patzicía	20327	Comité Cívico Electoral Samajel	39.87	Vamos	19.75

Departamento	Municipio	Padrón	Ganador	% de votos más votado	Segundo lugar	% de votos segundo lugar
Guatemala	San Raimundo	19956	Comité Cívico Desarrollo San Raymundense (Desanray)	15.36	Vamos	13.95
San Marcos	Tejutla	19901	Comité Cívico Tejutleco (CCC)	32.97	Vamos	22.14
Sacatepéquez	Ciudad Vieja	19012	Comité Cívico Libre Ciudad Vieja	48.83	Cabal	16.02
Jalapa	San Luis Jilotepeque	17896	Comité Cívico El Campesino (CCC)	27.28	Comité Cívico El Cántaro	26.69
Baja Verapaz	San Miguel Chicaj	17765	Comité Cívico El Sembrador (Faciees)	45.25	Cociea	32.66
Jutiapa	El Progreso	17762	Comité Cívico Progresano (Cociprog)	65.23	Cambio	18.86
Zacapa	Río Hondo	15893	Comité Cívico El Tuno	45.70	Valor Unionista	31.88
Quetzaltenango	Almolonga	12530	Comité Cívico Almolonga (CCA)	51.34	Vamos	46.76
Quetzaltenango	Concepción Chiquirichapa	9742	Comité Cívico Despertar Ciudadano (CCDC)	24.66	Vamos	14.15
Sacatepéquez	Santa Catarina Barahona	3666	Comité Cívico Somos Santa Catarina Barahona	37.29	Valor Unionista	29.96

Fuente: elaboración del autor con datos de la Memoria Electoral de las Elecciones Generales 2023 del Tribunal Supremo Electoral.

En conclusión, los comités cívicos son una alternativa real frente a la burocracia y los costos de un partido nacional, además de acercar más la política a los vecinos. Pero su fragilidad estructural y la falta de continuidad los limita como herramienta de representación a largo plazo.

Eso nos lleva a la siguiente pregunta: ¿quién y cómo paga los gastos de crear y mantener un partido político? La LEPP establece techos de financiamiento de campaña, con límites mucho más bajos para los comités cívicos que para los partidos. Esa diferencia será el punto de partida de la próxima sección.

El financiamiento de los partidos políticos

En Guatemala, el financiamiento político es fundamentalmente privado. Existe financiamiento público, pero llega después de la elección y solo para los partidos que superan el umbral del 5% de votos válidos en la presidencial o que logran al menos una diputación. El premio equivale a USD 2 por cada voto obtenido. En la práctica, esto significa que un partido nuevo debe financiar toda su primera campaña con recursos de simpatizantes… o de financistas con mayor capacidad.

La Ley Electoral, en su artículo 21 bis, establece que este dinero público tiene usos predeterminados:

Cuadro 7.8

Destino	Porcentaje
Formación y capacitación de afiliados	30
Actividades nacionales y sede central	20
Funcionamiento departamental y municipal (⅓ departamentos, ⅔ municipios)	50

Fuente: Ley Electoral.

En otras palabras, el financiamiento estatal no puede usarse libremente. Durante los tres primeros años del ciclo, debe sostener la vida orgánica del partido: formación política, estructura territorial y funcionamiento administrativo. Solo en el año electoral puede destinarse por completo a la campaña.

El financiamiento privado, en cambio, puede usarse siempre para la campaña, aunque con un tope de gasto definido en función del padrón electoral:

CUADRO 7.9

Actor	Fórmula del tope
Partidos políticos	USD 0.50 × padrón nacional
Comités cívicos	USD 0.10 × padrón municipal

Fuente: Ley Electoral y de Partidos Políticos.

Con un padrón de 9 578 545 ciudadanos a septiembre de 2025, el techo máximo para un partido, si las elecciones fueran en 2025, es de USD 4 789 272.50 (unos Q36.7 millones al tipo de cambio actual). Ese monto puede repartirse como el partido prefiera entre sus distintas candidaturas. Un comité cívico, en cambio, está limitado al cálculo de USD 0.10 por cada empadronado de su municipio.

Aquí radica la gran diferencia: mientras los partidos nacionales pueden financiar campañas a escala con presupuestos millonarios, los comités cívicos solo despliegan recursos proporcionales a su localidad. Y no es casualidad: esta norma fue introducida en la reforma de 2016, redactada por los propios partidos, en buena medida para protegerse de la competencia local.

En términos de cómo son las reglas de financiación, en teoría, todas las donaciones deben entregarse directamente al partido, nunca al candidato individual. El partido está obligado a extender recibos y reportar cada ingreso al Tribunal Supremo Electoral (TSE). Incumplir con esta obligación constituye delito electoral.

El problema es que la capacidad de fiscalización del TSE es mínima. En la práctica, gran parte del dinero circula fuera de los registros oficiales. La CICIG lo documentó en 2015 en un informe sobre el financiamiento electoral, estimando la siguiente composición:

CUADRO 7.10

Fuente	% estimado (2015)
Proveedores del Estado	50
Empresas privadas	25
Origen ilícito (incluido narcotráfico)	25

Fuente: Informe CICIG 2015 sobre financiamiento electoral.

Aunque no hay estudios recientes, la evidencia sugiere que el peso del sector privado formal ha disminuido, mientras que los otros dos rubros —proveedores del Estado y dinero ilícito— han ganado terreno.

Este esquema de financiamiento explica buena parte de la política guatemalteca:

- El financiamiento público llega tarde y solo a quienes ya triunfaron, por lo que no nivela la competencia.
- Los topes de campaña se superan en la práctica mediante recursos no declarados.
- La débil fiscalización abre la puerta a que redes económicas y criminales utilicen el financiamiento electoral como vía de captura del Estado.

Las reglas de campaña

En 2016, el Congreso aprobó un paquete amplio de reformas a la Ley Electoral y de Partidos Políticos (LEPP). De sus 256 artículos, 66 fueron modificados: un cuarto de la ley. Se tocó casi todo —financiamiento, topes de gasto, organización interna de los partidos—, pero una de las innovaciones más sonadas fue la introducción de una prohibición destinada a frenar un vicio que llevaba años desnaturalizando el proceso electoral: la campaña anticipada.

El nuevo artículo 94 bis estableció que no será inscrito como candidato quien publicite su imagen en medios antes de la convocatoria oficial de elecciones. La intención parecía clara: impedir la campaña permanente, con el país tapizado de vallas y anuncios pagados meses o incluso años antes de que iniciara formalmente el proceso electoral.

El contexto ayuda a entenderlo. Muchos recuerdan a Alejandro Sinibaldi, entonces precandidato a la alcaldía capitalina y luego presidenciable, que llenó la ciudad con su nombre y hasta tenía un programa radial. Manuel Baldizón hizo lo propio desde Lider: entre 2012 y 2015 sus vallas eran parte del paisaje urbano. La reforma fue una respuesta directa a esa política de saturación mediática que favorecía a quienes tenían más dinero y dejaba al resto en desventaja.

Algunos inconformes cuestionaron la norma, alegando que violaba la libertad de expresión. La Corte de Constitucionalidad no lo vio así. Según resolvió, esto no limita a nadie para opinar ni participar en política: lo que hace es regular la actividad electoral, fijando un marco temporal claro. En palabras sencillas, la propaganda electoral solo es válida en los 90 días previos a la elección. Antes de eso, lo único permitido es el proselitismo —afiliar militantes, formar cuadros, difundir el ideario partidario—, algo distinto a pedir directamente el voto o promocionar una candidatura.

En la práctica, los partidos encontraron rápido la forma de bordear la norma. Basta recorrer el país para verlo: vallas con logos partidarios, eslóganes ambiguos y el omnipresente "afíliate". Bajo el pretexto de que hacen proselitismo, y no campaña, despliegan giras, reuniones y publicidad que funcionan como precampaña. La frontera entre una y otra se volvió difusa, y la sanción más temida —la no inscripción— quedó en gran medida como letra muerta. En los hechos, se aplica de manera selectiva, y por lo mismo se convirtió más en un arma de negociación que en una regla general.

Con la irrupción de las redes sociales, el panorama se complicó aún más. Las plataformas digitales permiten a los aspirantes posicionarse con mensajes directos y segmentados, muchas veces disfrazados de "opinión personal" o "actividad ciudadana". Esto les da más margen para hacer precampaña sin chocar de frente con la prohibición.

En teoría, la reforma buscaba que el dinero y la saturación mediática no desbordaran la contienda. En la práctica, los partidos solo se volvieron un poco más cuidadosos. Aunque a veces no tanto. En 2023, decenas de candidatos violaron la norma abiertamente —incluido el candidato oficialista— y, sin embargo, el TSE solo canceló una candidatura por este motivo: la de Roberto Arzú.

El caso es ilustrativo. Técnicamente, Arzú nunca fue sancionado por "campaña anticipada". Lo que ocurrió es que durante meses utilizó sus redes para promocionarse con mensajes políticos que, a juicio del tribunal, constituían propaganda fuera de tiempo. El TSE le envió varias advertencias para que moderara su conducta. Como persistió, no lo castigaron por la infracción en sí, sino que lo declararon "no idóneo" para competir, bajo el argumento de que había desafiado reiteradamente a la autoridad electoral.

El efecto práctico fue el mismo: quedó fuera de la contienda. Pero se dio un mensaje preocupante: en lugar de aplicar la sanción prevista en la ley, el tribunal optó por una salida indirecta. Eso dejó un mal precedente y nos lleva a un tema todavía más delicado: la inhabilitación de candidaturas, uno de los males más graves del sistema electoral.

Escogiendo rivales: la inhabilitación de candidaturas

Las elecciones generales de 2023 estuvieron marcadas por exclusiones que sacudieron la contienda: tres candidaturas presidenciales quedaron fuera antes siquiera de competir. Thelma Cabrera (MLP) —excluida por la inhabilitación de su vicepresidenciable Jordán Rodas—, Roberto Arzú (Podemos) y Carlos Pineda (Prosperidad Ciudadana) fueron descalificados en pleno proceso. Pero no era algo nuevo: en 2019 ya había pasado con Thelma Aldana (Semilla), Edwin Escobar (Prosperidad Ciudadana), Zury Ríos (Valor) y Mauricio Radford (Fuerza).

Si bajamos de nivel, el fenómeno es todavía más común. Decenas de inscripciones de candidatos a diputaciones o alcaldías son rechazadas en cada elección. La lista es tan larga que resulta casi imposible llevar la cuenta. ¿Cómo llegamos a un sistema en el que la exclusión se volvió parte del paisaje electoral?

Aquí aplica bien aquella expresión anglosajona “Cuidado con lo que deseas”. En 2011, sectores de la sociedad civil presionaron para que no se inscribieran candidatos con señalamientos. De allí nació la exigencia del mal llamado “finiquito”, obligatoria únicamente para quienes han manejado fondos públicos. En realidad, no era un finiquito, sino la constancia transitoria de inexistencia de cargos, emitida por la Contraloría General de Cuentas. El TSE la incluyó en la papelería de inscripción ese año y, más tarde, en 2016, se incorporó formalmente a la Ley Electoral.

El problema es que este documento nunca fue prueba de cuentas cerradas, como manda la Ley de Probidad. Lo único que certifica es que, *por el momento*, la persona no tiene hallazgos administrativos pendientes ni denuncias activas en la Contraloría. ¿La consecuencia práctica? Que basta con un hallazgo en una auditoría o una denuncia en trámite para bloquear a un aspirante, incluso sin una sentencia firme. Y como los procesos en la Contraloría pueden tardar años en resolverse, aun siendo infundados, la constancia se volvió un arma peligrosa para sacar competidores de la cancha.

El resultado fue predecible: candidaturas enteras bloqueadas por trámites inconclusos. Entre 2011 y 2019, los números lo muestran: una exclusión en 2011, 26 en 2015 y 25 en 2019. Lo que nació como una buena idea terminó convertido en un filtro que restringía derechos políticos más allá de lo permitido por la Constitución o por la Convención Americana de Derechos Humanos.

La segunda puerta de exclusión fue la de la "idoneidad". El artículo 113 de la Constitución establece que todo guatemalteco puede optar a cargos públicos en función de su *capacidad*, *idoneidad* y *honradez*. El TSE y luego la Corte de Constitucionalidad empezaron a interpretar esta frase como un filtro abierto para evaluar candidatos.

El estreno fue en 2015, con el caso más recordado: Alfonso Portillo, expresidente y candidato a diputado por Todos. El TSE negó su inscripción argumentando que no cumplía con el requisito de idoneidad y honradez por haber sido condenado en Estados Unidos por lavado de dinero. La CC avaló la decisión. Desde entonces, la puerta quedó abierta y pasaron por allí decenas de exclusiones más: aspirantes con antejuicios, investigaciones abiertas o incluso simples multas administrativas impagas.

La "idoneidad" se volvió un arma discrecional: en 2015 se rechazaron siete candidaturas bajo este argumento; en 2019 fueron 48.

El patrón es claro. Lo que empezó como una exigencia ciudadana para elevar los estándares terminó en un filtro legal e institucional sin parámetros definidos y aplicado de forma arbitraria. El contraste lo ilustra bien el exdiputado José Ubico: condenado en 2003 en Estados Unidos a 46 meses de prisión, pudo inscribirse sin problema en 2015 y 2019. Irónicamente, en 2023 fue condenado otra vez en Texas, esta vez a 18 años por narcotráfico.

En teoría, se buscaba depurar la política. En la práctica, se abrió la puerta a la manipulación. Hoy, un candidato puede quedar fuera no por sentencia firme, sino por la interpretación amplia del TSE o la CC sobre su "idoneidad". Y como vimos en el capítulo 6, en nuestro sistema basta con tener un proceso abierto para figurar en esa lista negra, lo cual es un estándar peligrosamente bajo.

Este problema tampoco es exclusivo de Guatemala. La Corte Interamericana de Derechos Humanos ha sido clara en su jurisprudencia: *los derechos políticos solo pueden restringirse mediante una condena penal firme, nunca por sanciones administrativas.*

En Venezuela, Leopoldo López fue inhabilitado para competir en 2008 por resoluciones de la Contraloría General, que lo responsabilizaron administrativamente de supuestas irregularidades en PDVSA y en su gestión como alcalde de Chacao. La sanción empezó en tres años y luego se amplió a 15, siempre sin un juez penal de por medio.

En Colombia ocurrió algo parecido con Gustavo Petro, cuando la Procuraduría lo destituyó como alcalde de Bogotá y lo inhabilitó por 15 años mediante resolución administrativa.

Ambos acudieron a la Corte Interamericana, que falló a su favor y dejó claro que esas decisiones violaban la Convención Americana: solo una sentencia penal puede limitar el derecho a ser electo.

El estándar guatemalteco es todavía más débil. Aquí ni siquiera se requiere una sanción administrativa: basta con que exista una denuncia "en curso" o un hallazgo de auditoría para cerrar el paso a una candidatura. Dicho en claro, nuestro sistema viola de forma sistemática el derecho de elegir y ser electo.

En resumen: la inhabilitación de candidaturas en Guatemala no es un accidente aislado, sino una práctica que se ha consolidado en los últimos tres procesos electorales. Y más que fortalecer la democracia, se ha convertido en un mecanismo de control político sobre quién puede —y quién no puede— aparecer en la papeleta.

Conclusión: el problema del país es fundamentalmente político

A lo largo de este capítulo hemos repasado los defectos del sistema electoral, pero si uno quiere ir al fondo, el verdadero problema es político: la falta de representatividad y la desconexión entre ciudadanía y élites políticas. Como dijimos al inicio, varios expertos lo explican como una herencia del conflicto armado: décadas que quebraron movimientos sociales, liderazgos comunitarios y espacios de participación que en otras democracias suelen convertirse en la base de partidos sólidos. En Guatemala, esa raíz se cortó.

Hoy la política tiene otra cara. La tecnología influye, claro, pero el obstáculo más grande no está allí sino en el costo de entrada. Armar un partido es un lujo al alcance de pocos: más de 28 mil afiliados, presencia en 50 municipios y 12 departamentos, asambleas, comités y una logística que exige millones. Eso deja el camino abierto solo a dos perfiles: quienes tienen suficiente dinero propio para financiarse o quienes viven de la política, de la obra pública y de contratos estatales.

El resultado es un contrasentido. En economía, se insiste en bajar barreras de entrada para que haya más competencia, mejores productos y precios competitivos. En política, en Guatemala, hacemos lo contrario: levantamos barreras de ingreso y cerramos el mercado.

La Ley Electoral y de Partidos Políticos, con sus 256 artículos, ha pasado por varias reformas:

- **1987:** Decreto 51-87 (un artículo) y Decreto 74-87 (75 artículos).
- **1989:** Decreto 10-89, cambios menores.
- **1990:** Decreto 35-90 (tres artículos, incluyó elecciones al Parlacen y cambió el tamaño del Congreso).
- **2004:** Decreto 10-04 (149 artículos).
- **2006:** Decreto 35-2006 (32 artículos).
- **2016:** Decreto 26-2016 (66 artículos).

Pero la dirección ha sido clara: preservar el *statu quo*. La reforma de 2016 es el mejor ejemplo. Bajo la consigna de "fortalecer" partidos, en realidad blindó a los que ya estaban. Ninguna de esas reformas buscó abrir la competencia. Y es lógico: los partidos que legislan son los mismos que se benefician de cerrar el paso a los nuevos.

Por eso es engañoso escuchar que "en Guatemala hay demasiados partidos". Es cierto en el papel, pero la oferta no responde a la demanda. Son cascarones que no representan a nadie, mientras la mayoría de los ciudadanos se siente sin opciones reales. La prueba está en las urnas: en la elección presidencial de 2023, los votos nulos y en blanco superaron por mucho a cualquier candidato. De hecho, el voto en blanco fue la opción más votada, con casi medio millón de papeletas más que la candidata puntera.

El contraste con otros países lo ilustra bien. En España, por ejemplo, crear un partido nuevo es sencillo: basta con un grupo de fundadores, estatutos y un sitio web. Si no se tiene representación parlamentaria, lo único que se pide son avales para los candidatos: firmas de al menos el 0.1% de los electores de la circunscripción en la que se quieran presentar. Es decir, la barrera de entrada es mínima y la competencia real. Aquí, en cambio, todo está diseñado para que entrar al juego sea casi imposible.

En algún momento se habló de alternativas en Guatemala como partidos departamentales o regionales. Habrá que encontrar la fórmula, pero lo cierto es que este país debe transitar hacia un modelo donde el costo de hacer un partido sea menor y el umbral necesario para ganar un cargo público sea más exigente. El modelo actual consiste en restringir el acceso poniendo la barrera en la conformación del partido, pero facilitando la entrada al Congreso a través de distritos grandes. Ese debería ser el verdadero espíritu: un modelo democrático más abierto a la competencia.

En síntesis, nuestro problema es que tenemos un sistema que simula pluralidad, pero que en realidad restringe la competencia y ahonda la distancia entre quienes gobiernan y quienes deberían elegir.

Cambios mínimos que debemos hacer:

CUADRO 7.11

El problema	**Lo que propongo**
El Tribunal Supremo Electoral (TSE) depende demasiado del Congreso porque se cambia a todos los magistrados de un solo golpe cada seis años.	Cambiar magistrados de forma parcial y escalonada, para que siempre haya continuidad e independencia.
Fundar un partido es carísimo y complicado: miles de afiliados, decenas de asambleas y cientos de dirigentes.	Bajar las barreras de entrada para que sea más fácil crear partidos y que haya más competencia real.

El problema	Lo que propongo
Los partidos funcionan como “franquicias”: el poder se concentra en la cúpula, y los afiliados tienen poca voz.	Reglas más claras para dar más poder a las bases y menos control a las dirigencias.
Los comités cívicos son una alternativa local más cercana al ciudadano, pero son débiles y desaparecen tras cada elección.	Dar mejores condiciones a los comités cívicos, permitiendo que se mantengan en el tiempo y tengan más apoyo.
El dinero manda: el financiamiento público llega tarde y el privado, muchas veces opaco, domina.	Fortalecer la fiscalización y que el financiamiento público sirva de verdad para equilibrar la competencia.
La “idoneidad” y el “finiquito” se usan de forma discrecional para sacar candidatos sin sentencia firme.	Solo una condena penal firme debe impedir competir, en línea con las reglas internacionales.

8

Un mapa de ruta

Después de recorrer estos siete capítulos es normal que el lector se pregunte: ¿y ahora qué? ¿Qué hacer con tanta información que a veces parece técnica, densa y lejana al ciudadano común? La intención nunca fue abrumar, sino tender un puente entre el lenguaje enredado de las leyes y la experiencia cotidiana de los guatemaltecos. Porque el malestar con el Estado, con los jueces o con los partidos no surge del aire: buena parte de ese malestar se explica por fallas de diseño institucional.

Nuestra Constitución de 1985 se escribió en un contexto muy preciso. Guatemala apenas ensaya la democracia desde hace poco más de cuatro décadas y venía de un conflicto armado que dejó el espacio político demolido. La Asamblea Nacional Constituyente fue, en los hechos, un pacto de élites: los mandos militares, debilitados por la represión y la crisis económica, que necesitaban una salida ordenada; el sector privado organizado, que había aprendido a hablar con una sola voz y presionaba por un marco económico más abierto; y los partidos políticos, todavía frágiles pero dispuestos a ocupar el espacio que se abría. De esa combinación salió un texto con un catálogo amplio de derechos: no solo porque era la forma de conciliar intereses tan distintos, sino también porque respondía a la tendencia regional de la época y a la necesidad de proyectar credibilidad democrática frente a una sociedad escéptica y una comunidad internacional cada vez más crítica.

Pero precisamente por ser un acuerdo de cúpulas, el diseño institucional resultante cargó con déficits claros: partidos sin bases sociales, un Estado sin capacidad de cumplir y una sociedad civil demasiado débil para sostener el nuevo arreglo. Y eso era, en buena medida, comprensible: no teníamos mucha más base sobre la cual construir, porque ¿qué organización social podía florecer en medio de la guerra y bajo gobiernos militares? Durante décadas, hacer política había sido un deporte de alto riesgo, y esa herencia explica la precariedad organizativa posterior y la delgadez de la vida democrática en los primeros años.

Comprender este origen ayuda a dimensionar nuestros límites. Desde 1985, la Constitución ha tenido apenas una reforma que modificó varios artículos de la Constitución: la de 1993-1994, tras el Serranazo, cuando la crisis política obligó a un paquete de cambios bastante significativos, especialmente, como se vio en el capítulo 5 en lo referente al sector justicia.

Ahora bien, ¿qué hacer?, ¿por dónde comenzar? Aunque este libro no es un manual de acción política, sí pretende aportar una pequeña dosis de civismo. A lo largo de estos capítulos he planteado cambios mínimos al final de cada sección. No son varitas mágicas ni promesas épicas: son ajustes concretos para corregir grandes problemas de nuestro diseño institucional. Nuestro sistema necesita cirugía, sí, pero incluso la cirugía mayor no comienza por amputar a ciegas. El buen cirujano sabe qué tocar y qué no.

Durante el diagnóstico hemos dicho que el gran problema de Guatemala es político. Si los partidos, que son el canal mediante el cual elegimos representantes, no funcionan, parece difícil que podamos hablar de la vía política como la vía del cambio. Un gran desafío que planteamos en el capítulo 7 es la necesidad de reformar la política. Esto tiene dos planos distintos. Por un lado, hacer al Congreso más representativo exige una reforma constitucional, porque los distritos actuales generan distorsiones y solo pueden cambiarse tocando la Constitución. Por el otro, rescatar la política pasa también por tener partidos más auténticos. Para eso es necesario bajar las barreras de entrada: que no sea tan complicado formar un partido nuevo y competir en igualdad de condiciones. Ese cambio no requiere modificar la Constitución, pero sí reformar la Ley Electoral y de Partidos Políticos, lo cual de todas formas demanda mayoría calificada en el Congreso y visto bueno de la Corte de Constitucionalidad.

Por eso soy escéptico con la visión de algunos que dicen que lo que necesitamos es convocar una Asamblea Constituyente. Esta ruta abre más preguntas que respuestas. ¿Con qué reglas se elegiría, si los partidos no representan a nadie? ¿Bastaría con permitir independientes? Para ello habría que reformar antes toda la legislación electoral, y aun así nada garantiza un mejor resultado. Chile ofrece una lección cercana: tras las protestas de 2019 convocó una Asamblea Constituyente que incluyó partidos, pero también permitió listas y candidaturas independientes. La Constituyente estuvo dominada por la izquierda política. El texto resultante fue rechazado en 2022 por el 61% del electorado. Luego, en 2023, una segunda Asamblea dominada por la derecha produjo otro texto, también rechazado, esta vez por el 55%. Dos intentos fallidos, con resultados opuestos, que muestran lo difícil que puede resultar poner de acuerdo a la sociedad en torno a un nuevo texto constitucional.

En paralelo, América Latina vivió una ola de asambleas constituyentes en el marco del llamado socialismo del siglo XXI. De ahí surgieron las constituciones de Venezuela en 1999, de Ecuador en 2008 y de Bolivia en 2009. A primera vista parecían procesos refundacionales, con textos ambiciosos y catálogos de derechos cada vez más extensos. Sin embargo, como ha señalado el profesor Roberto Gargarella en su ensayo *Lo viejo del nuevo constitucionalismo*, lo que predominó en realidad fueron las continuidades. Las renovadas declaraciones de derechos expandieron catálogos ya existentes —nombrando lo no nombrado, reconociendo a grupos antes invisibles—, pero sin modificar de fondo la organización del poder, nos dice. El resultado fue unas constituciones más generosas en el plano dogmático, pero sin alterar la "sala de máquinas" que organiza el poder político. Ya sabemos hoy cómo han terminado las cosas, especialmente para Venezuela.

Como decía en el capítulo 1, debemos evitar caer en el legalismo mágico: pensar que, por transformar radicalmente nuestros textos constitucionales, transformaremos la realidad. Si bien nuestra región ha sido tierra de grandes escritores, la solución no pasa por redactar nuevas obras sino por ser capaces de diseñar mejores obras de ingeniería, pero ingeniería institucional.

Dicho esto, desde su promulgación existe en nuestra Constitución un mecanismo interesante: la posibilidad de que cinco mil ciudadanos propongan al Congreso una reforma constitucional. Hasta hoy ningún intento prosperó, aunque al menos dos organizaciones llevaron firmas de más de cinco mil ciudadanos, y aun así la propuesta fue ignorada. Pero ahí sigue esa vía real para abrir cambios sin depender de una partidocracia que no representa a nadie. Y no es hiperbólico: basta recordar que en las elecciones de 2023 los votos nulos y en blanco superaron a cualquier partido político. No es exageración, es un dato que desnuda la magnitud de la crisis de representación.

Ante este déficit, una posible opción es la organización social que formule una propuesta de cambio constitucional desde afuera de los partidos. No desde afuera de la política —si hablamos de política bien entendida, como ejercicio del poder colectivo—, sino más allá de los aparatos partidarios que hoy no logran canalizar demandas. Me parece importante subrayar que en política no existen atajos: si no se construyen movimientos con base social que exijan los cambios que se deben hacer, las cosas no cambiarán por arte de magia. Y los cambios tampoco vendrán de personajes mesiánicos que prometan transformaciones rápidas y sencillas. La historia latinoamericana está llena de caudillos, y todos sabemos que tarde o temprano esos experimentos terminan mal. En cualquier caso, la vía de la reforma desde la base social es posible, pero exige organización, persistencia y trabajo arduo.

Ahora bien, hay que recordar otro aspecto fundamental. No todo es exigir reformas a la Constitución: también importa comprender y defender lo que ya tenemos. Nuestro diseño constitucional, con todas sus limitaciones, es generoso en promesas. Al fin y al cabo, reconoce más de 50 derechos. La pregunta es: ¿sabemos qué significan estos derechos?, ¿sabemos cómo defenderlos?

En Estados Unidos es común el activismo en las cortes. Existen organizaciones cívicas que promueven la defensa de derechos, y yo mismo tuve el privilegio de ser alumno del profesor David Cole, quien fue director legal de la Unión Americana de las Libertades Civiles (ACLU).

Una de sus lecciones más importantes es que para defender los derechos constitucionales primero hay que ganar la atención y el apoyo social. En Estados Unidos, por ejemplo, durante décadas las leyes y la interpretación de la Corte Suprema sobre la Decimocuarta Enmienda de la Constitución permitían la segregación racial en distintos ámbitos de la vida pública, entre ellos el transporte, los restaurantes y también las escuelas. En el caso de la educación, esto significaba que las escuelas públicas estuvieran divididas entre niños blancos y niños afroamericanos. Esa segregación no era un detalle menor: implicaba que una parte de la población creciera condenada a recibir una educación de peor calidad, en instalaciones separadas y con recursos muy limitados. Los grupos de derechos civiles entendieron que, para cambiar esa injusticia, necesitaban escoger un terreno simbólicamente poderoso para su lucha judicial: la educación. No fue casualidad. Sabían que allí podían mostrar, de manera clara, que la segregación negaba igualdad de oportunidades desde la infancia misma. Tras años de luchas y demandas, en 1954 la Corte Suprema emitió un fallo histórico en el caso *Brown v. Board of Education*, declarando inconstitucional la segregación en las escuelas públicas. Ese resultado no cayó del cielo: fue el producto de activismo paciente, estratégico y sostenido.

El profesor Cole también recuerda otro ejemplo desde una corriente ideológica distinta: el derecho a portar armas. Durante décadas no tuvo la fuerza interpretativa que hoy conocemos, pero tras años de activismo sostenido por grupos como la NRA, finalmente la Corte Suprema comenzó a reconocer y proteger este derecho de manera mucho más amplia.

¿La lección? Los derechos no se conceden por decreto: se conquistan y se defienden de abajo hacia arriba. Y aquí la pregunta se vuelve incómoda: ¿cómo podemos hablar de nuevas aspiraciones si ni siquiera somos capaces de respetar los derechos básicos de los guatemaltecos? El derecho a un juicio justo, con oportunidad de defenderse ante una justicia pronta y cumplida, sigue siendo una ilusión. La mitad de las personas privadas de libertad en Guatemala están en prisión preventiva: no han sido condenadas, pero pasan años encarceladas esperando que un juez decida si son inocentes o culpables. ¿Dónde queda la presunción de inocencia?

Nos encanta hablar de libertad de expresión a los cuatro vientos, pero entre 2022 y 2024 se intentó procesar a periodistas del extinto *elPeriódico* no por delitos en su vida privada, sino por el contenido de sus columnas y reportajes, con el argumento absurdo de que podían "obstruir la justicia". ¿Desde cuándo una opinión publicada puede constituir delito contra la administración de justicia? O pensemos en un grupo de mujeres detenidas en 2020 por pintar un muro del Congreso durante una protesta: la pintura se borró con agua y jabón, pero aun así fueron acusadas de depredación de bienes culturales y enfrentaron cargos que podían llevarlas a más de 10 años de cárcel. El solo hecho de que esa persecución haya ocurrido basta para mostrar que nuestras garantías de expresión y de defensa son, en muchos casos, papel mojado.

Los derechos no se harán respetar de la noche a la mañana si no existe una cultura de defensa ciudadana. Y aunque los abogados tenemos una responsabilidad especial, porque contamos con las herramientas técnicas, no tenemos el monopolio de la defensa constitucional. Esta es, sobre todo, una tarea social.

De manera que espero que este texto sirva como una llave: para abrir un espacio de reflexión, para invitar a tomarnos en serio nuestra Constitución, leerla con ojos críticos, pero también defenderla en los hechos y no solo en la retórica. Guatemala necesita cultivar una cultura cívica. Como recordaba Edmund Burke en una cita que incluí en el capítulo 2: "Un Estado que no cuenta con mecanismos para realizar cambios carece también de medios para preservarse. Sin esas herramientas, incluso corre el riesgo de perder aquella parte de su constitución que más desea conservar".

Nuestra Constitución, aunque noble e importante, no está escrita en piedra. Defendámosla y tengamos el coraje de cambiar lo que haya que cambiar.

Esta obra se terminó de imprimir
en el mes de marzo de 2026,
en los talleres de Litográfica Ingramex S.A. de C.V.,
Ciudad de México.